ReliBausteine *sekundar*

Michael Landgraf (Hrsg.)

Jesus
Christus

Der Mann aus Nazareth und
der Christus des Glaubens

Einführung – Materialien – Kreativideen

erarbeitet von Michael Landgraf,
Stefan Meißner und Paul Metzger

CALWER – VSP – RPE

Relibausteine – Jesus Christus

ISBN: 978-3-7668-4210-7 (Calwer)

ISBN: 978-3-939512-41-7 (VSP)

ISBN: 978-3-938356-38-8 (RPE)

2. Auflage 2019

Satz: Verlagshaus Speyer GmbH
Umschlaggestaltung: Karin Sauerbier, Stuttgart
Druck und Verarbeitung: Mazowieckie Centrum Poligrafii –
05-270 Marki (Polen) – ul. Słoneczna 3C – www.buecherdrucken24.de
Internet: www.calwer.com
www.verlagshaus-speyer.de
www.rpe-online.com
E-Mail: info@calwer.com
info@verlagshaus-speyer.de

Inhaltsübersicht ReliBausteine Jesus Christus

ReliBausteine Jesus Christus

Vorwort

„Ist aber Christus
nicht auferstanden,
so ist (…) auch
euer Glaube vergeblich."

1 Kor 15,14

Jesus ist Dreh- und Angelpunkt des christlichen Glaubens. Eine Auseinandersetzung mit seiner Person, seinem Leben und Sterben und schließlich mit der Auferstehung ist damit eine zentrale Aufgabe der Religionspädagogik.

Nach dem Band „Jesus begegnen. Seine Zeit, Sein Leben – Seine Worte und Taten", der einen ersten Zugang ermöglicht, geht der Band „Jesus Christus" nun in die Tiefe und setzt sich mit den Vorstellungen von Jesus und dem historischen Wissen über ihn auseinander. Dabei geht es um die Klärung der Frage, was wir vom historischen **Jesus von Nazareth** wissen und was über **Jesus den Christus** gesagt wird.

Um sich ein Bild über Jesus zu machen, muss man biblische und außerbiblische Quellen beachten, aber auch die Tradition und Auslegung der Person Jesu im Blick haben – von den apokryphen Evangelien bis zum neuen Jesusbuch des Papstes, von renommierten Exegeten bis zur Sichtweise fremder Religionen und des Atheismus.

Wie Jesus am Ende von den Lernenden eingeschätzt wird, entscheidet sich letztlich auf der persönlichen Ebene – aus einer Vielzahl von Eindrücken, die am Ende wie ein Puzzle zusammengetragen werden. Der Band „ReliBausteine Jesus Christus" will hierzu einen Beitrag leisten und die Möglichkeit bieten, sich umfassend mit dieser Gestalt auseinanderzusetzen.

Michael Landgraf 2019 (2. Auflage)

Theologische Einleitung

Die Notwendigkeit der Frage nach Jesus im Christentum

Rudolf Bultmann, einer der wirkungsvollsten Neutestamentler des 20. Jahrhunderts, sagt: Wer der Mensch Jesus von Nazareth war und was er lehrte, sei für das Christentum eigentlich unwichtig, da es nur darauf ankomme, dass Jesus der Christus, der Sohn Gottes, war. Diese Position ist radikal, denn das Christentum glaubt, dass der Mensch Jesus von Nazareth der Christus war. Deshalb lässt sich das irdisch-menschliche Sein Jesu nicht von seinem Sein als Christus lösen. Martin Kähler hatte bereits 1892 zwei Perspektiven aufgezeigt: die historische, die nach dem Menschen Jesus von Nazareth sucht, und die theologische, die nach dem „Christus des Glaubens" fragt. Die historische Perspektive ist ohne den Glauben an Jesus als den Christus uninteressant. Die theologische Perspektive interessiert sich für Jesus von Nazareth, weil der christliche Glaube sich daran festmacht, dass Gott sich in dem Menschen Jesus von Nazareth offenbart habe. Dabei ist der Glaube daran entscheidend, dass der Mensch Jesus von Nazareth wirklich der Christus war. Während die theologische Frage nach Jesus letztlich also eine Glaubensfrage ist, folgt die historische Frage den Maßstäben der historischen Wissenschaft. Beide Fragen haben ihre Berechtigung.

Die historische Frage nach Jesus ist für den Glauben wichtig, darf aber nicht von Glaubensüberzeugungen beeinflusst werden. Daher gelten die Regeln der profanen Geschichtswissenschaft. Die Frage lautet: *Was können wir mit Hilfe der historischen Wissenschaft über den Menschen Jesus von Nazareth wissen?* So werden historische Quellen über Jesus ausgewertet und sein Leben annähernd rekonstruiert. Der „historische Jesus" ist immer eine Konstruktion aus Wahrscheinlichkeitsurteilen und Hypothesen der historischen Wissenschaft.

Die theologische Frage nach Jesus bezieht sich auf den Glauben. Der Glaube erkennt in Jesus mehr als das Historische. Dabei stößt man auf Deutungen der Person Jesu, die im Rahmen der antiken Welt formuliert wurden. Unter dem Eindruck der Auferstehung deuten die ersten Christen, dass sie im Menschen Jesus Gott selbst begegnet sind. Solche Glaubensaussagen lassen sich aus zwei Perspektiven untersuchen. Einmal von außen, indem jemand, der den Glauben nicht teilt (oder aus methodischen Gründen zurückstellt), sich mit ihrem Wahrheitsanspruch auseinandersetzt. Zweitens kann eine Perspektive von innen gewählt werden. Dann dient die Beschäftigung mit Jesus als dem Christus dazu, das Christentum zu verstehen.

Fazit: Man muss die historische und die theologische Frage nach Jesus unterscheiden, ohne sie letztlich voneinander zu lösen. Im Rahmen der theologischen Exegese muss am Ende eine Deutung Jesu gegeben werden, die beiden Fragestellungen gerecht wird.

Jesus von Nazareth in historischer Perspektive

Entwicklung der Leben-Jesu-Forschung

Der Zeitgeist der Aufklärung steht am Anfang der historischen Erforschung Jesu. Unzufrieden mit kirchlichen Dogmen, die den Menschen Jesus von Nazareth unkenntlich machten und nur den „Christus des Glaubens" beachteten, suchten Forscher wie David F. Strauß nach dem Jesus, der wirklich auf Erden lebte. Sie erkannten: Die Evangelien sind keine biografischen Berichte, sondern Deutungen – sie „verkündigen" Jesus. In der Folge gelang der historischen Bibelwissenschaft ein Aufbruch und man war optimistisch, Jesus vom Dogma der Kirche befreien zu können. Durch die Zwei-Quellen-Theorie glaubte man, im Markusevangelium den wirklichen Jesus zu entdecken (Heinrich J. Holtzmann). Allerdings projizierten die Exegeten ihre Vorstellung von Jesus auf das, was sie herausfanden. Dies zeigte Albert Schweitzer in seinem Buch „Geschichte der Leben-Jesu-Forschung" (2. Auflage von 1913) und beendete diese Phase der Jesusforschung. Daraufhin untersuchten die Exegeten die mündliche Überlieferung und hofften, die ältesten Schichten der Evangelien freilegen und darin den „echten" Jesus finden zu können. Auch diese Hoffnung scheiterte. In der folgenden Forschungsphase, die Rudolf Bultmann zuzuordnen ist, verzichtete man, Aussagen über den historischen Jesus zu machen. Erst Ernst Käsemann brachte mit seinem Vortrag „Das Problem des historischen Jesus" (1953) eine neue Frage nach Jesus auf den Weg. Die danach folgende „Third Quest" ist stark von sozialgeschichtlichen Fragestellungen geprägt und entdeckte Jesus als galiläischen Juden neu.

Gegenwärtig lässt sich eine Unzufriedenheit mit der historischen Frage beobachten. Der Erfolg der Bände „Jesus von Nazareth" von Joseph Ratzinger/Papst Benedikt XVI. zeigt, dass die theologische Frage nach Jesus wieder stärker in den Mittelpunkt rückt, auch wenn historische Erkenntnisse darin aufgenommen werden.

Quellen und Kriterien der Jesusforschung

Selbstzeugnisse von Jesus sind nicht überliefert, sondern nur das, was andere über ihn geschrieben haben. Beachtet werden muss, wer was geschrieben hat: Anhänger von Jesus, Gegner oder „Unparteiische"? Bei *römischen Quellen* entdeckt man kein Interesse an Jesus (Plinius, Tacitus, Sueton), weshalb sie wertvoll, aber unergiebig sind. Allerdings berichten auch sie nicht „neutral", sondern lehnen das Christentum als Aberglaube ab. *Jüdische Quellen* schwanken in ihrem Verhältnis zu Jesus. Während der jüdische Geschichtsschreiber Flavius Josephus neutral bis positiv auf Jesus Bezug nimmt, finden sich in rabbinischen Texten (z.B. Talmud) eher ablehnende Stellungnahmen. *Christliche Quellen* stellen Jesus im guten Licht dar. Sie wollen nicht über ihn informieren, sondern ihn als den Sohn Gottes präsentieren. Deshalb ist die historische Forschung vorsichtig und entwickelt Kriterien, mit denen man entscheiden kann, was in den Texten von Jesus stammen könnte oder was von der Gemeinde später über ihn gesagt wurde.

Um authentische („echte") Jesusworte in christlichen Texten zu finden, ist das Kriterium der mehrfachen, unabhängigen Bezeugung grundlegend. Wenn mehrere Texte, die sich nicht gekannt haben, Worte Jesu überliefern, dann spricht diese Streuung dafür, dass es Jesus wirklich gesagt hat. Ein weiteres ist das „Differenzkriterium": Als „echt" gilt danach das, was sich weder aus dem zeitgenössischen Judentum noch aus dem späteren Christentum ableiten lässt. Dieses Kriterium wurde aber als zu einseitig kritisiert. Jesus müsste sich dann ständig originell verhalten und kaum an seinen jüdischen Kontext angeknüpft haben. Man ersetzte das Kriterium im Rahmen der „Third Quest" deshalb durch das „Plausibilitätskriterium". Als „echt" gilt das, was sich im Kontext des antiken Judentums vorstellen lässt und was die Entstehung des Christentums verständlich macht. Allerdings muss dieses Kriterium Jesus die Freiheit zugestehen, dass er auch etwas getan haben kann, was in seinem Kontext außergewöhnlich war. Wichtig ist das Kriterium der Tendenzwidrigkeit und der kontextuellen Individualität. Als „echt" gilt das, was der Tendenz der überliefernden Quellen entgegenläuft und im Kontext des Judentums als originell erkannt wird. Zusammen mit dem Plausibilitätskriterium lässt sich dann festhalten: Solche Worte und Taten Jesu sind als historisch wahrscheinlich anzunehmen, die sich als Auswirkungen Jesu plausibel machen lassen.

Grunddaten des Lebens Jesu

Jesus von Nazareth wurde vermutlich um 7 v.Chr. oder 4 v.Chr. in Nazareth geboren und um 30 n.Chr. in Jerusalem gekreuzigt. Sein Vater hieß Joseph und arbeitete als Bauhandwerker. Seine Mutter Maria gehörte später der christlichen Gemeinde in Jerusalem an (Apg 1,14). Das Verhältnis zu seinen Eltern und seinen Geschwistern war gespannt (Mk 3,20f.). Da mehrfach berichtet wird, dass er lehrte und die Schrift auslegte, erhielt er wohl eine elementare Bildung. Johannes der Täufer dürfte einen großen Einfluss auf ihn ausgeübt haben, da er sich von ihm taufen ließ. Anscheinend hat der Täufer aber nicht an Jesus als den Messias geglaubt (Mt 11), da die spätere Zeit eine Konkurrenz zwischen Johannes- und Jesusjüngern kennt (Apg 19). Nach der Taufe durch Johannes tritt Jesus als Wanderprediger in Erscheinung. Kombiniert man die Angaben in Lk 3,23 mit der Bestimmung seiner Geburt, dann beginnt Jesus seine Verkündigung um 28/29 n.Chr. in seiner Heimat Galiläa und eine kleine Zahl von Anhängern folgt ihm. Seine Verkündigung und seine Heilungen wecken das Interesse der ländlichen Bevölkerung. Wie lange Jesus so umherzieht, lässt sich schwer bestimmen. Während bei den Synoptikern nur ein Passafest erwähnt wird, stellt Johannes dar, dass er dreimal zum Passa nach Jerusalem gepilgert sei – wohl um das Wirken Jesu mehr in die Hauptstadt zu verlegen. Bei der Kreuzigung ist die johanneische Datierung wahrscheinlicher, da ein Prozess und eine Hinrichtung am Passa selbst (so die synoptische Darstellung) nur schwer vorstellbar ist, sodass Jesus wohl am Tag vor dem Passa hingerichtet wurde. Wenn Jesus demnach am Tag vor dem Passa gekreuzigt wurde und dieser Tag ein Freitag gewesen sein soll (Mk 15,42, Joh 19,31), dann muss er im Jahr 30 n.Chr. gestorben sein, da nur in diesem Jahr beide Bedingungen gegeben sind. So wird die Zeit seines öffentlichen Wirkens etwa ein Jahr umfasst haben.

Verkündigung und Selbstverständnis Jesu

Wie andere Gruppen im damaligen Judentum predigt Jesus das unmittelbar bevorstehende Reich Gottes (Mk 1,14f.). Diese Naherwartung hat Folgen für das Gottesbild sowie das Selbst- und Weltverständnis des Menschen. Jesus ruft dazu auf, sein Leben radikal zu ändern und auf Gott auszurichten. Gott wird als König ein humanes Reich aufrichten. Jesus benennt Gott zusätzlich als fürsorglichen Vater (Mt 7,7). Diese Metaphorik bringt die Liebe Gottes zum Ausdruck, sodass Liebe auch synonym für Gott stehen kann (1 Joh 4,8: „Gott ist die Liebe"). Daneben wird die Güte des Vaters betont – besonders im Vaterunser (Mt 6,9-13). Weiter geht es um die Bereitschaft zur Vergebung, die im Vaterbild angelegt ist. Illustriert wird dies durch das Gleichnis vom verlorenen Sohn (Lk 15). In ihm wird gezeigt: Gottes Gerechtigkeit funktioniert nicht nach menschlichem Gerechtigkeitsempfinden, sondern beruht auf Vergebung und Barmherzigkeit. Die Vater-Kind-Beziehung ist der Maßstab der göttlichen Gerechtigkeit. Und so wie Gott barmherzig ist, so soll auch der Mensch barmherzig sein (Lk 6,36). Diese Kernbotschaft durchzieht das gesamte Wirken Jesu.

Zu Jesu Verkündigung gehören auch seine Taten. Was wir „Wunder" nennen, sind für den antiken Menschen Zeichen der Vollmacht. Aufgrund der Fülle an Heilungen, Exorzismen, Geschenk- und Naturwundern lässt sich historisch nicht bestreiten, dass Jesus etwas getan hat, das sich für seine Zuhörer als ein Wunder darstellte. Diese Taten verweisen allerdings nicht auf den Wundertäter an sich, sondern darauf, dass mit Jesus eine neue Zeit anbricht, das „Reich Gottes". Jesus feiert dies mit seinen Anhängern als eine Zeit der Freude (Lk 6,20f.; 10,23f.), als Hochzeit (Mt 9,15). In dieser Zeit ist der Teufel entmachtet (Lk 10,18), es werden die Dämonen ausgetrieben (Lk 11,20) und Jesus erwartet bald das himmlische Festmahl (Mt 8,11), das er in seinen irdischen Mahlgemeinschaften zeichenhaft vorwegnimmt (Mk 2,15-17). Dies ist der Ausgangspunkt für die Entwicklung des Herrenmahls (Abendmahl; Eucharistie) als einem christlichen Ritus. Wer sein Angebot aber nicht annimmt, dem droht das kommende Gericht (Lk 11,29-32; 13,28f.). Deshalb ist der Ruf zur Umkehr ernst gemeint. An der Stellung zu Jesus entscheidet sich das Schicksal des Menschen. Durch und in ihm ist das Reich Gottes schon anwesend (Lk 17,21).

Wie Jesus sich selbst verstanden hat, ist schwierig zu sagen. Er scheint sich selbst nicht als „Christus" ausgegeben zu haben. Erst die theologische Reflektion der Jesusereignisse erkennt den Christus in ihm (Röm 5,6.8; 1 Kor 15,3ff.). Das bedeutet nicht, dass für Jesus kein starkes Selbstbewusstsein angenommen werden darf. Er hat messianische Hoffnungen geweckt. Nur so lässt sich die rasche Entfaltung der Christologie erklären. Jesus hat sich selbst in Beziehung zu der apokalyptisch bekannten Gestalt des „Menschensohns" gesetzt (Dan 7).

Zusammenfassend bleibt festzuhalten: Jesus, ein jüdischer Charismatiker, der sich als eschatologischer Prophet versteht, verkündigt den Durchbruch der Gottesherrschaft als die Herrschaft des liebevollen Vaters.

Tod und Auferstehung

Jesus wurde wahrscheinlich am Freitag, dem 14. Nisan (ca. Ende März) des Jahres 30 n.Chr. gekreuzigt. Aber: Warum ist er nach Jerusalem gezogen und warum wurde er hingerichtet? Die erste Frage hat theologisches Gewicht. Zieht Jesus nach Jerusalem, weil er sich dort opfern und damit stellvertretende Sühne für die Menschen leisten will? Oder gibt es einen anderen Grund? Jesus muss sich des Risikos bewusst gewesen sein, dass er getötet werden könnte. Die stilisierte Gethsamene-Erzählung (Mk 14) kann die Erinnerung bewahrt haben, dass Jesus seinen Tod gefürchtet hat. Jesus nimmt ihn in Kauf und ist sich bewusst, dass der Anbruch der Gottesherrschaft nicht von seinem Leben oder Sterben abhängt.

Die zweite Frage ist mit weniger Hypothesen belastet. Die Kreuzigung zeigt die römische Besatzungsmacht am Werk. Jesus wird mit der Strafe für politische Aufrührer belegt. Die Ereignisse in Jerusalem sind demnach der Grund seiner Verurteilung aus römischer Sicht. Neben Pontius Pilatus ist die Jerusalemer Tempelaristokratie in den Prozess Jesu involviert. Der Grund der Anklage liegt in der Tempelkritik Jesu (Mk 13,1, 14,57f.; Joh 2,19f.; Mt 26,61) und der „Reinigung des Tempels". Jesus scheint dem Betrieb des Tempels massive Vorbehalte entgegengebracht zu haben. Nimmt man hinzu, dass sich mit der Person Jesu ein Vollmachtsanspruch verband, ist verständlich, dass sich der Hohe Rat zum Handeln genötigt sah. Verdichtet gibt Mk 14,55ff. die Anklagepunkte wieder und benennt den Messiasanspruch Jesu und die Bedrohung des Tempels. Jesus stirbt also am Kreuz, weil er die Interessen der Jerusalemer Tempelaristokratie genauso stört wie das römische Bestreben, in den Provinzen Ruhe zu halten.

Fazit: In historischer Perspektive ist Jesus also ein jüdischer Prophet, der das Anbrechen der Gottesherrschaft erwartet. Er stirbt in Jerusalem als Aufrührer am Kreuz. Allerdings ist die Geschichte Jesu noch nicht am Ende. Die Anhänger Jesu sind davon überzeugt, dass er auferweckt wurde. Ohne dieses Ereignis hätte sich die Jesusbewegung zerstreut. Dass sie dies nicht tat, lässt sich historisch nur plausibel machen, wenn man annimmt, dass etwas geschehen ist, das diese zu erwartende Zerstreuung verhindert. Damit ist allerdings die Grenze der historischen Forschung erreicht.

Jesus von Nazareth in theologischer Perspektive

Die theologische Frage setzt bei der **Auferweckung** Jesu an. Jede Erinnerung stellt in sich eine Deutung dar, in der ein Erleben verarbeitet wird. Daher ist anzunehmen, dass die Anhänger Jesu tatsächlich etwas erlebt haben. Die ältesten Zeugnisse der Auferweckung Jesu sind Zitate aus Paulusbriefen und bieten eine durchdachte Christologie. Gemäß Paulus hat Gott Jesus nach dem Tod zu einer geistigen Existenzform auferweckt – dem „Ewigen Leben" (1 Kor 15,3ff., besonders 15,51f.).

Die Auferweckung Jesu setzt eine Zäsur, denn nun wird Jesus selbst in die Verkündigung hineingenommen. Wenn Gott der Vater ist, dann wird Jesus die Rolle des Sohnes zugewiesen. Die Anhänger Jesu bewältigen so den Schock des Kreuzes, indem sie das irdische Dasein Jesu unter dem Eindruck von Kreuz und Auferweckung neu deuten und an Jesus glauben. Die Auferweckung bzw. **Auferstehung** Jesu steht damit am Beginn des Christentums. Die Anhänger Jesu entwickeln Muster, wie man die Geschichte Jesu im Rückblick verstehen kann. Sie knüpfen an seine Verkündigung an und interpretieren sie im Lichte ihrer Heiligen Schriften, dem Alten Testament in griechischer Fassung (Septuaginta, LXX). Dort finden sie Texte, die sich auf Jesu Schicksal beziehen lassen. Die Emmaus-Geschichte (Lk 24,25ff.) zeigt, dass Jesus seinen Jüngern die Augen öffnen muss, damit sie erkennen, dass die Geschichte Jesu im Alten Testament vorgezeichnet ist.

Das Kreuz war jedoch für die ersten Christen besonders deutungsbedürftig. Einige Deutungen betrachten den Tod Jesu als tragisches Schicksal, andere sehen einen verborgenen Plan Gottes (Mk 8,31f.) oder einen Hinweis auf das alttestamentliche Bild des leidenden Gerechten (Passionsgeschichte bei Markus). Das Kreuz Jesu wird mit dem gewaltsamen Geschick der Propheten in Verbindung gebracht (z.B. Mk 12,1-12) oder es dient dazu, richtiges und falsches Verhalten Jesus gegenüber zu kontrastieren (Apg 2,22f.). Andere Deutungen sehen im Kreuz ein Heilsgeschehen: In Gal 4,5 als Preis, um seine Anhänger aus der Macht der Sünde freizukaufen. Röm 6,4 beschreibt, dass der Tod notwendig sei, damit der Gläubige in den Tod Jesu hinein getauft wird und so mit Christus auferstehen kann. Weitere Deutungen sehen im Sterben Jesu eine Sühneleistung Christi, der sich dahin gibt und die Tradition der realen Opfer damit überholt (Hebr 9,13f.). Damit verbunden ist der Gedanke der Stellvertretung Christi (2 Kor 5,21) im Heilsplan Gottes für die Welt.

Die Auferstehung Jesu lässt das Kreuz in einem neuen Licht erstrahlen und erhebt Jesus **vom Verkünder zum Verkündigten**, vom jüdischen Propheten zum Sohn Gottes. Seine Jünger verarbeiten ihr Erleben der Auferstehung, indem sie Jes 53 auf Jesus beziehen: der Messias sei kein innerweltlicher Herrscher, sondern muss ein leidender Christus sein (Mk 8,29ff.), dessen Reich nicht von dieser Welt ist (Joh 18,36). Oder sie greifen Jesu Rede vom Menschensohn auf (Dan 7) und identifizieren Jesus mit ihm (Mk 2,10.28). Oder sie kombinieren Ps 2,7 und Jes 9,5 mit der Rede Jesu vom Vatersein Gottes und kommen zu dem Ergebnis, dass Jesus tatsächlich Gottes Sohn war. Unsicher war, ob Jesus durch die Auferstehung zum Sohn Gottes wurde (Röm 1,3f.), ob er in der Taufe von Gott adoptiert wurde (Mk 1,11) oder ob er schon immer Gottes Sohn war (Joh 1,1-4). Da die Zeit Gottes qualitativ verschieden ist von der des Menschen, setzte sich letztlich die Vorstellung durch, dass Jesus schon immer Gottes Sohn war.

Jesu Kommen in die Welt besingt der Hymnus des Philipperbriefes (Phil 2,6-11), in dem die Jesusgeschichte aus der Perspektive Gottes besungen wird: Der Sohn Gottes kommt in die Welt, nimmt dort sein Kreuz auf sich, damit sich Gott letztlich als der Herr dieser Welt erweist. Diese Kurzfassung des Lebens Jesu bauen die Evangelien zu theologisch gewichtigen Erzählungen aus. Jesus wird darin als ein Mensch bekannt, der zugleich Gott ist. Besonders das Johannesevangelium stellt die Identität von Jesus und Gott fest (Joh 1,1-4; 10,30). Im Kern ist hier der Ansatz zur späteren Trinitätslehre und der Zwei-Naturen-Lehre Christi („wahrer Gott und wahrer Mensch") gegeben. So mündet die theologische Frage nach Jesus letztlich in der Antwort eines Glaubensbekenntnisses, in dem Kreuz und Auferstehung gedeutet werden. Das Kreuz Christi zeigt, dass Gottes Liebe zu seinen Geschöpfen so groß ist, dass er selbst in die letzten Abgründe menschlicher Existenz hineingeht. Die Auferstehung Jesu begründet die Gewissheit des Glaubens, dass Gott die Macht hat, den Menschen aus dem Tod herauszuführen und ihm eine neue Form des Lebens zu geben. Das ist die christliche Hoffnung: *„Dass ich mit Leib und Seele, sowohl im Leben als auch im Sterben, nicht mir, sondern meinem getreuen Heiland Jesus Christus gehöre"* (Heidelberger Katechismus 1).

Didaktisch-methodische Überlegungen

„Wer ist Jesus für mich?"
Die Klärung dieser Frage gehört zu den Basics christlicher Religionspädagogik. Dabei setzen sich Lernende mit unterschiedlichen Aspekten der Person Jesu auseinander:

- Aktuell wird gefragt, wo Jesus im Umfeld vorkommt und wie er eingeschätzt wird.
- Historisch wird geklärt, wer Jesus war und in welcher Zeit er lebte.
- Es wird erschlossen, wie die Bibel von Jesus redet und welche Botschaft Jesu vermittelt wird.
- Schließlich ist zu klären, wie die Person Jesus in der Tradition, gegenwärtig und persönlich gedeutet wird.

Der Unterricht in der Sekundarstufe setzt eine erste Begegnung mit Jesusgeschichten in der Primarstufe voraus. Für den Unterricht in dieser Stufe und teilweise auch der Klassenstufen 5/6 erschien der Band „Jesus begegnen" („Relibausteine primar"). Vorausgesetzt werden sollte das Ziel für den Primarbereich: *„Kindern mithilfe von elementaren Jesusgeschichten (...) eine erste Begegnung mit Jesu Leben und Wirken zu ermöglichen. Sie erfahren dabei, dass Jesus mit seiner Botschaft Gott nahe steht und Menschen zu ihm führt. Damit Kinder diese Botschaft verstehen, lernen sie Lebensumstände der Menschen in der Zeit Jesu kennen. Schließlich wird ein Verständnis für die Ostergeschichte entwickelt, durch die ein Leben in Hoffnung möglich ist"* (S. 7).

In der Sekundarstufe werden ein tieferes Verständnis der Bibeltexte und ein altersgemäßer Zugang zur Person Jesu entwickelt. Dazu müssen besonders sozialgeschichtliche Aspekte wie die von ihm angesprochenen Zielgruppen sowie die Botschaft Jesu und seine Hoffnung auf eine bessere Welt reflektiert werden. Die Auseinandersetzung mit dem Zeugnis von Jesus beginnt mit den überlieferten Worten und Taten anhand der Bergpredigt, den Gleichnissen und Wundern, den Ostererzählungen sowie den Weihnachtsgeschichten. Auch wenn hier bereits eine Deutung Jesu angelegt ist, kann seine implizite Botschaft daraus erschlossen werden. Die Ebene der Jesus-Deutungen umfasst zum einen die biblischen „Ich-bin-Worte" und Hoheitstitel, da sie zeigen, wie aufgrund von Ostern die Person Jesu in den Augen seiner Nachfolger gesehen wurde.

Vorstellungen und Bilder von Jesus in Geschichte und Gegenwart werden als unterschiedliche Deutungsmöglichkeiten reflektiert – sei es auf der symbolischen Ebene, in den Weltreligionen und Weltanschauungen, in der Kunst, Literatur, Musik oder im Film. Letztlich jedoch wird es darauf ankommen, den persönlichen Zugang zur Person Jesu zu ebnen und zu klären, wer Jesus für die Lernenden selbst eigentlich ist.

Als Zielformulierungen für die Sekundarstufe lässt sich zusammenfassen:

- *Wahrnehmung fördern, dass es unterschiedliche Zugänge zu Jesus gibt und dass Menschen zu allen Zeiten Erwartungen an ihn haben;*
- *Entdecken, dass man trotz der Quellenlage anhand zentraler Texte die Botschaft Jesu vom Reich Gottes und seine Zuwendung zu den Menschen am Rande der Gesellschaft erschließen kann;*
- *Erschließen, wie Menschen in Jesus den Christus entdecken, sich auf vielfältige Weise zu ihm bekennen und ihn als Impuls für die eigene Lebensgestaltung wahrnehmen.*

Der Religionsunterricht in der Sekundarstufe baut darauf auf, dass mit einer Vollbibel oder mit einer Auswahlbibel gearbeitet werden kann. Basis im evangelischen Kontext ist „Luther 84", für den katholischen Bereich ist es die „Einheitsübersetzung". Manche Lernsituationen erfordern einen elementareren Zugang, sodass auf die verständnisorientierte „Gute Nachricht Bibel" zurückgegriffen wird.

Als Schulbibel kann auch „Die Bibel elementar" (Stuttgart 2. Aufl. 2017) verwendet werden. Sie bietet komprimierte Nacherzählungen, Kommentare, Einleitungen und Erklärungen sowie Fotos, sachkundliche Grafiken, Bilder aus der Kunst, die zeigen, wie Bibelgeschichten interpretiert wurden.

Folgende **Aspekte und Teilkompetenzen** sollen dabei bedacht werden:

Aspekt / Teilthema	Kompetenzen Lernende können …
Jesus begegnen	• erste Eindrücke und Geschichten von Jesus wiedergeben. • Bilder von Jesus ansatzweise deuten und einordnen. • Umfragen über Jesus bewerten oder selbst durchführen.
Der historische Jesus und seine Zeit	• Informationen zu Jesus in der Bibel und zur Umwelt Jesu im Internet recherchieren. • Quellen über Jesus und die Ergebnisse der Jesusforschung präsentieren sowie deren Probleme benennen. • den sozialen Hintergrund der Botschaft Jesu, seine Zielgruppen und seine religiöse Verortung zusammenfassen.
Die Botschaft Jesu	• zentrale Aussagen der Bergpredigt wiedergeben und deren Anspruch in Form von „Pro und Contra" diskutieren. • erklären, warum Jesus in Gleichnissen erzählt und welche Bilder er darin verwendet. • Zentrale Wunderschichten wiedergeben und als Stilmittel deuten. • erläutern, dass die christliche Hoffnung auf ein Leben nach dem Tod in der Auferstehung Jesu begründet liegt. • die Weihnachtserzählungen unterscheiden und als Deutung der Person Jesu interpretieren.
Jesus – Deutungen und seine Impulse für das Leben	• deutende Texte und Titel von Jesusworten unterscheiden. • darstellen, wie Jesus in Weltreligionen und Weltanschauungen gesehen wird. • Beispiele von Jesusdeutungen in der Kunst, Musik, Literatur und im Film präsentieren und interpretieren. • aufzeigen, wo Jesus Impulse für die Lebensgestaltung geben kann. • die Frage klären, wer Jesus „für mich" ist.

Didaktischer Aufbau der Unterrichtsbausteine

Die Unterrichtsbausteine gliedern sich in:
• Zugänge zu Jesus
• die historische Frage nach Jesus
• die Auseinandersetzung mit zentralen Bibeltexten, die die Botschaft Jesu erschließen lassen
• die Deutungen Jesu im Christentum, in Weltanschauungen sowie in der Kultur
• Jesu Impulse zur Lebensgestaltung und Nachfolge

Um die Anforderungssituation, Vorkenntnisse und Erfahrungen der Jugendlichen zu klären, können Bilder von Jesus (S. 18f.) und/oder Bilder von Jesusgeschichten aus dem Primarunterricht (S. 20f.) dienen. In der Auseinandersetzung mit Umfragen oder durch eine selbst durchgeführte bekommt eine Lerngruppe Impulse für ein offenes Gespräch über Jesus und den Glauben

an ihn (S. 22). Um die Lektüre von Jesus-Geschichten kreativ zu vertiefen, werden bereits in den Zugängen Vorschläge gemacht, wie dies geschehen kann (S. 23).

In der Frage nach dem historischen Jesus gilt es zu klären, welche Quellen von seinem Wirken berichten. Dazu werden die biblischen Quellen, Aussagen zu Jesus (S. 24f.) sowie sein geografisches Umfeld (S. 27) analysiert. Um die Jesusgeschichte einzuordnen, kann eine Zeitleiste erstellt werden (S. 26; siehe „Die Bibel elementar", S. 272f.).

Beleuchtet werden muss im Blick auf die biblischen Quellen die Geschichte der „Leben-Jesu-Forschung (D.F. Strauß, Albert Schweitzer, Rudolf Bultmann, Ernst Käsemann) und deren Diskussion um die „Echtheit" und Wertigkeit der biblischen Quellen (S. 28-31). Dabei ist auf die „Zwei-Quellen-Theorie" und die aktuelle Auseinandersetzung mit dieser einzugehen (S. 34-36). Eine Frage, die aufgrund vielfältiger Jesusbilder gestellt, aber nur ansatzweise beantwortet werden kann, ist: Wie sah Jesus eigentlich aus? (S. 29)

Zu den biblischen Quellen gehört auch Paulus, von dem die ältesten Texte des Neuen Testaments überliefert sind, der aber recht wenig zur Frage einer Jesusbiografie beiträgt (S. 32). Stark zugunsten einer eigenen Theologie interpretieren die apokryphen Evangelien das Bild von Jesus (S. 37). Sie liefern jedoch spannende Details über die dunklen Flecken in der Biografie Jesu – beispielsweise über seine Kindheit und seine angebliche Beziehung zu Maria Magdalena. Die Wirkung dieser Bilder reicht bis in moderne Jesusromane wie Dan Browns „Sakrileg" (2003).

Außerbiblische Quellen zu Jesus belegen seine Existenz, weisen jedoch meist nur auf seine Anhänger hin (S. 38f.). Wichtig für das Begreifen der Botschaft Jesu und seiner Zielgruppen ist der Aspekt „Zeit und Umwelt", der bereits im Band „Jesus begegnen" mit einer Spielmeditation, der elementaren Landeskunde und Einblicken in die Arbeitsfelder der Menschen damals eingeleitet wird. Im vorliegenden Band werden, neben einer Wiederholung des Themas „Arbeit und Beruf", die Aspekte Politik und Gesellschaft unter die Lupe genommen (S. 40-45). Der Blick richtet sich besonders auf Menschen am Rande der Gesellschaft: Arme, Kranke und Behinderte, Ausgestoßene, Kinder und Frauen. Die Religion Jesu sollte ansatzweise bereits im Primarbereich eingeführt sein (siehe „Jesus begegnen"). Vertieft werden muss das Verständnis für das Judentum der Zeit Jesu (S. 46, siehe auch „Jesus im Judentum" S. 102 und im Band Reli-Bausteine Judentum S. 90-92 und 112). Schließlich gilt es bei der Frage nach dem historischen Jesus zu beleuchten, wie sich die Gruppe der Jünger Jesu zusammensetzte und nach Jesu Tod sich die Gemeinschaft der ersten Christen formte.

Um die Botschaft Jesu zu verstehen, werden besondere Texte unter die Lupe genommen. Dabei wird deutlich, dass Jesu Worte und Taten in der Vorstellung gründen, dass Gott seine neue Welt, das „Reich Gottes", aufrichtet (S. 50f.). Jesus tritt dabei als Rabbi, als Schriftgelehrter auf, der dieses Reich verkündet und Menschen durch seine Taten die neue Welt erleben lässt. Daher ist ein Bild Jesu das des Lehrers (S. 51), das sich retrospektiv besonders in der Bergpredigt (S. 52-57) und in den Gleichnis-

sen (S. 60-64) zeigt. Die Botschaft der Bergpredigt gilt es dabei besonders zu beachten, denn ihr ethischer Anspruch ist nicht unumstritten. In der Frage, wie Vergebung und die Feindesliebe im zwischenmenschlichen und im politischen Bereich umsetzbar sind, scheiden sich die Geister. Daran anknüpfend kann die Reflexion über die Aktualität der Ethik Jesu mithilfe zentraler Jesustexte folgen (S. 58f. und S. 140f.).

Zu den Worten Jesu, die das Gottesreich begreifbar machen, gehören die Gleichnisse (S. 60ff.) Hier muss jeweils die versteckte Botschaft entschlüsselt werden. Dabei liegt es im Wesen der Gleichnisse, dass nach der Aktualität des Gottesreiches und Vergleichspunkten heute gefragt wird. Daher werden hier Vorschläge zur kreativen Aneignung gemacht und mit der Volxbibel ein Text zur Diskussion gestellt, der versucht, ein Gleichnis in die heutige Denkwelt zu übertragen.

Ein Wunder ist die in die Tat umgesetzte Botschaft vom Reich Gottes, durch die Menschen heute schon die Kraft der Gottesherrschaft spüren dürfen. Daher werden die Wundergeschichten und der Wundertäter Jesus vor dem Hintergrund des Wunderglaubens damals und in Abgrenzung zu anderen Wundertätern reflektiert (S. 65ff.). Dies gilt auch im Blick auf die Erzählungen von der Austreibung böser Geister, die wie die Wundererzählungen nur durch das Verstehen des damaligen Wirklichkeitsverständnisses begreifbar sind (S. 68).

Die zentrale Geschichte aus Sicht der modernen Bibelwissenschaft zum Verständnis Jesu ist die des Leidens, des Sterbens und der Auferstehung Jesu. Ohne den Auferstandenen gäbe es kein Christentum. Daher wird das biblische Zeugnis der Ereignisse vor dem Hintergrund heutiger Festtradition beleuchtet (S. 69ff.). Um das Sterben Jesu zu verstehen, wird nach den Gründen seiner Verurteilung sowie nach der Todesart zu fragen sein (S. 75f.). Da die Evangelien in den letzten Worten am Kreuz ein unterschiedliches Bild vom Tod Jesu entwickeln, sind diese Worte besonders zu beachten (S. 77, siehe hierzu auch die Darstellung in der Kunst, S. 116). In der Reflexion der Ereignisse spielt für die Dogmatik eine Rolle, welche Bedeutung es hat, dass Jesus „für uns gestorben" (S. 78) sei – verbunden mit dem Gedanken eines Sühnetodes (siehe auch den Titel „Lamm Gottes, S. 96). Die Auferstehung Jesu wird sowohl biblisch als auch religionsgeschichtlich zu beleuchten sein (S. 80f.). Diese zentrale Botschaft ist allerdings derzeit in Diskussion – angeregt durch die Debatte um Gerd Lüdemann (S. 82f.) und dem allgemeinen Zweifel am Glauben an eine Auferstehung der Toten.

Da die Weihnachtserzählungen eine relativ späte Überlieferung spiegeln (siehe hierzu: Michael Landgraf/Paul Metzger: Bibel unterrichten, S. 76-79), steht sie am Ende der Auseinandersetzung mit der Botschaft Jesu (S. 85ff.). Hier geht es, neben der Erschließung der beiden Erzählungen, um die religionsgeschichtlichen Parallelen, die zeigen, dass hier Stilmittel der damaligen Zeit Verwendung finden. Die Weihnachtsgeschichten bilden somit einen Übergang zur Frage, wie die Person Jesu in der Tradition gedeutet wurde – nämlich als Christus, der Retter und Heiland der Welt.

Dieser vierte Aspekt geht letztlich der Frage nach: *Wer ist Jesus für die Menschen und wer ist er für mich?*
Bereits in der Bibel zeigen die „Ich-bin-Worte" des Johannesevangeliums (S. 88) und die Titel, die für Jesus verwendet wurden (S. 89ff.), Ansätze zur Klärung dieser Frage. Genauer beleuchtet werden die Hoheitstitel Christus/Messias, Sohn Gottes, Retter, Erlöser, Heiland, Herr und Weltenherrscher, Menschensohn und Richter sowie Lamm Gottes.
Wirkmächtig sind neben den Namen auch Symbole für Jesus, die für ein kurz gefasstes Bekenntnis stehen – allen voran der Fisch (ICHTHYS) als Bekenntnis der ersten Christen zu Jesus als dem Sohn Gottes und Retter. Ein weiteres beachtenswertes Symbol ist das Kreuz, das in unterschiedlichen Formen heute Symbol der christlichen Kirchen ist (S. 97f.). Allerdings war die Entwicklung der Christologie ein langer Prozess, der letztlich im Credo als Basis dessen mündete, wie die Christenheit die Gestalt Jesu einordnet – als wahren Menschen und wahren Gott (S. 99f.).
Bei den Jesusdeutungen fallen Bilder auf, die in den Weltreligionen und Weltanschauungen entwickelt werden. Nach langer Abgrenzung sehen jüdische Vertreter Jesus als einen Bruder (S. 102). Im Islam ist Jesus nach dem Koran als *Isa ibn Maryam* ein Prophet, der den einen Gott verkündet (S. 103). Und im Buddhismus wird gerne der Vergleich der beiden Lehrmeister Buddha und Jesus gezogen, um deren tiefe Verbundenheit mit dem Grund allen Seins deutlich zu machen (S. 104). In der Philosophie bot Voltaire einen Ansatzpunkt, der das Jesusbild der Aufklärung prägte: Jesus als moralisch vorbildlicher Sittenlehrer (S. 105). Selbst die Weltanschauung des Nationalsozialismus konnte Jesus für sich vereinnahmen, indem sie eine

alte jüdische Legende aufgriff, nach der Jesus von Geburt her kein Jude war (S. 106).
Wichtig für das Jesusbild des 20.Jahrhunderts ist ein Verständnis von ihm als Revolutionär und Rebell (S. 107f.), das bereits im Marxismus und bei Erich Kästner angedacht ist und bis in aktuelle Zeitschriften nachwirkt (Cover „Der Spiegel" 17/2011). Auch die kontextuelle Theologie und die Befreiungstheologien (S. 109ff.) setzen auf die sozialrevolutionäre Kraft und prägen so ein Bild, das bis zum waffentragenden Jesus reicht – im Gegenüber zum Bild von Otto Pankok, bei dem Jesus die Waffe zerbricht. Viele Befreiungstheologen stammen aus dem katholischen Kontext. Im Jesusbild, das Papst Benedikt XVI. entwickelt (S. 113), wird dessen kritische Haltung zu dieser Bewegung deutlich. Auch den Bibelwissenschaften steht er distanziert gegenüber und entwickelt ein meditatives Bild, in dem Jesus allein in der Gemeinschaft der (katholischen) Kirche erfahrbar sei.
Eine Fülle von Jesusbildern zeigt der Blick in die Geschichte der Kunst (S. 114ff.), der Literatur (S. 120ff.), der Musik (S. 126ff.) und des Films (S. 130ff.). Dabei geht es um die Frage, wie Künstler durch die Zeit die Gestalt Jesu interpretieren. Spannend sind dabei unterschiedliche Interpretationen, die Jesus am Kreuz als souveränen Gott oder als Schmerzensmann darstellen, oder das Kreuz als Symbol für das eigene Leid interpretieren. Literarisch geschieht die Auseinandersetzung mit Jesus derzeit auf der Ebene des Romans, wobei einige Autoren ein eher humoristisches Bild der Wiederkunft entwickeln. Bei der Musik besteht ebenfalls die Spannung zwischen klassischen Jesusinterpretationen im Gesangbuch und im Gospel auf der einen sowie frechen Liedern wie „Der Gammler" oder Popinterpretationen auf der anderen Seite. Auch Jesusfilme bewegen sich in dieser Spannung, wobei es auch tiefgründige Interpretationen gibt – beispielsweise der Film „Jesus von Montreal" (S. 132) oder die Matrix-Trilogie (S. 133). Letztlich stellt sich bei vielen Jesusdeutungen der Moderne die Frage, ob es sich um eine Parodie oder gar um Blasphemie handelt (S. 135).
Schlusspunkt der Auseinandersetzung mit Jesus bilden Bausteine, die die Nachfolge und Impulse für das eigene Leben reflektieren. Hier geht es zum einen um die Wahrnehmung der biblischen Botschaft der Nachfolge (S. 136), zum anderen aber auch um konkrete Vorbilder und Beispiele wie Albert Schweitzer, Mutter Teresa und Dietrich Bonhoeffer. Da in evangelikalen Kreisen mit den „Jesus Freaks" und der Bewegung WWJD

(What would Jesus do?) aktuell die Frage nach der Nachfolge gestellt wird, kann dieser Impuls Diskussionsgrundlage sein. Schließlich gilt es, Jesusworte mit der eigenen Lebensgestaltung in Beziehung zu setzen (S. 140ff.) und sich die Frage zu stellen, wer dieser Jesus denn eigentlich *für mich* ist.

Literatur und Hinweise

- Berg, Horst Klaus: Freiarbeit – So lebten Menschen zur Zeit Jesu, Stuttgart 2007.
- Berg, Horst Klaus: Mit Jesus beginnt was Neues, Stuttgart 1995.
- Berger, Klaus: Jesus. München 2004.
- Bühlmann, Walter u.a.: Nazareth/Jerusalem/
- Kafarnaum/Bethlehem vor 2000 Jahren, Luzern 2001 (jeweils ein Bildband).
- Bühlmann, Walter: Wie Jesus lebte, Luzern 2001.
- Dietrich, Veit-Jakobus/Rupp, Hartmut (Hg.): Oberstufe Religion NEU – Jesus Christus. Stuttgart 2008 (mit Lehrerband).
- Ego, Beate/Zwickel, Wolfgang u.a.: Calwer Bibelatlas, Stuttgart 2005.
- Erlemann, Kurt: Jesus der Christus. Provokation des Glaubens. Neukirchen 2011.
- entwurf 3/2010. Jesus Christus.
- Lachmann, Rainer/Adam, Gottfried/Reents, Christine: Elementare Bibeltexte. Exegetisch – systematisch – didaktisch. Göttingen 2001.
- Landgraf, Michael/Metzger, Paul: Bibel unterrichten. Basiswissen – Bibeldidaktische Grundfragen – Elementare Bibeltexte. Stuttgart 2011.
- Landgraf, Michael: Bibel kreativ erkunden. Lernwege für die Praxis. Stuttgart 2. Aufl. 2017.
- Landgraf, Michael: Die Bibel elementar. Stuttgart 2. Aufl. 2017.
- Landgraf, Michael: Jesus begegnen (ReliBausteine primar). Stuttgart 2. Aufl. 2017.
- Metzger, Paul (Hg.): Die Konfession Jesu, BH 112, Göttingen 2012.
- Müller, Peter/Büttner, Gerhard u.a.: Die Gleichnisse Jesu. Ein Studien- und Arbeitsbuch für den Unterricht. Stuttgart 2008 (2. Aufl.).
- Roloff, Jürgen: Jesus. München 2007 (4. Aufl.).
- Röser, Winfried: Jesus: Geschichte, Bedeutung, Aktualität, 5.-8. Klasse, Buxtehude 2008.
- Schefzyk, Jürgen/Zwickel, Wolfgang: Judäa und Jerusalem. Leben in römischer Zeit. Stuttgart 2010.
- Schröter, Jens: Jesus von Nazaret. Jude aus Galiläa – Retter der Welt (Biblische Gestalten 15), Leipzig 2006.
- Schröter, Jens/Jacobi, Christine: Jesus Handbuch. Tübingen 2017.
- Spangenberg, Volker/Heinze, André (Hg.): Der historische Jesus im Spannungsfeld von Glaube und Geschichte, Leipzig 2010.
- Söding, Thomas: Der Gottessohn aus Nazareth. Das Menschsein Jesu im Neuen Testament, Freiburg – Basel – Wien 2008.
- Theißen, Gerd/Merz, Anette: Der historische Jesus. Ein Lehrbuch. Göttingen 20011 (4. Aufl.).
- Tilly, Michael: So lebten Jesu Zeitgenossen. Stuttgart 2008.
- Zimmermann, Mirjam und Ruben: Handbuch Bibeldidaktik. Tübingen 2. Aufl. 2018.
- Zwickel, Wolfgang: Die Welt des Alten und Neuen Testaments. Stuttgart 1997.

Hinweise auf Lernorte zu „Jesus und seine Zeit"

Außerschulische Lernorte zur Zeit und Umwelt Jesu finden sich an vielen Ecken in Deutschland – beispielsweise in Bibelhäusern und Bibelmuseen (**www.deutsche-bibelmuseen.de**: Hinweise zu den Bibelmuseen in Frankfurt, Meersburg, Neustadt/Weinstraße, Schleswig, Nürnberg und Barth; siehe hierzu auch: www.dbg.de/navi/wir-in-deutschland/bibelzentren-in-deutschland.html). Frankfurt hat durch seine Dauerausstellung „Jerusalem und Judäa" eine Sonderstellung im Blick auf die Zeit Jesu. Hinzu kommen Erlebnisstätten wie das Bibeldorf in Rietberg (www.bibeldorf.de) und weitere Bibelzentren, die einen Einstieg in die Welt Jesu ermöglichen. Auch in Wien/Österreich gibt es im Bibelhaus eine Erlebnisausstellung.

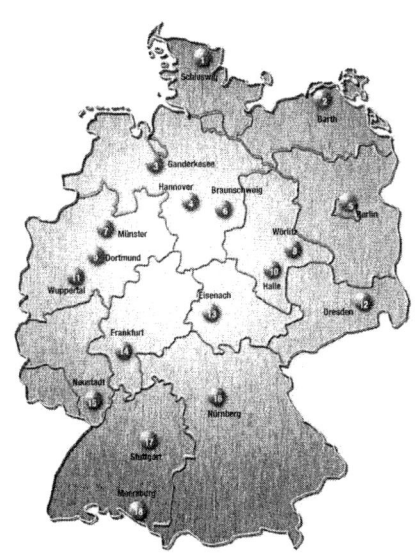

Unterrichtsbausteine zu Jesus Christus

I. Zugänge zu Jesus

Titel	Lernende können ...	Schwierigkeitsgrad	Seite
Mache dir ein Bild von Jesus	die Vielfalt von Jesusbildern reflektieren und mit anderen darüber ins Gespräch kommen.	☺	17
Jesusbilder	Jesusbilder unterscheiden und deren Aussagen zusammenfassen.	☺	18-19
Jesusgeschichten	Bilder und Geschichten von Jesus einander zuordnen und diese innerhalb einer Jesusbiografie verorten (ausführlich in: ReliBausteine „Jesus begegnen").	☺	20-21
Umfragen über Jesus	Umfragen ansatzweise auswerten und selbst eine Befragung zum Thema Jesus durchführen.	☺	22
Jesusgeschichten kreativ erkunden	mithilfe unterschiedlicher Methoden sich auf kreative Weise mit Jesusgeschichten auseinandersetzen.	☺	23

II. Dem historischen Jesus auf der Spur

Titel	Lernende können ...	Schwierigkeitsgrad	Seite
Die Bibel berichtet über Jesus	Aussagen der Bibel zu einem „Steckbrief" Jesu zusammenfügen.	☺	24
Meinungen über Jesus in der Bibel	biblische Aussagen über Jesus zusammenstellen und interpretieren, warum es ein solch vielfältiges Bild zu Jesus in der Bibel gibt.	☺	25
Zeit Jesu	eine Zeitleiste zum zeitlichen Kontext Jesu erstellen.	☺	26
Landkarte: Wo Jesus wirkte	eine Landkarte der Region erstellen, in der Jesus wirkte.	☺	27
Der historische Jesus	gesicherte Daten der „Leben-Jesu-Forschung" zusammenfassen.	☺☺	28
Wie sah Jesus aus?	Bilder, die angeblich das „wahre Abbild Jesu" darstellen, beschreiben und reflektieren, warum sich Menschen mit dieser Frage beschäftigen.	☺	29
Forschung über das Leben Jesu **Echtheit der Quellen über Jesus**	die Probleme im Blick auf eine Jesusbiografie und Ansätze der Jesusforschung sowie Echtheitskriterien benennen und diese Zugänge zu Jesus reflektieren.	☺☺ ☺☺☺	30 31
Paulus als Quelle über Jesus	Aussagen von Paulus über Jesus zusammenfassen und interpretieren.	☺☺	32
Evangelien als Quellen über Jesus	die Evangelien von ihrem Schwerpunkt und ihrer Absicht her unterscheiden.	☺☺	33
Die Evangelien im Vergleich **Jesu Taufe in den Evangelien**	die „Zwei-Quellen-Theorie" zusammenfassen und an einem Text (hier anhand der Taufe Jesu) anwenden.	☺☺	34 35
Kritik an der Zwei-Quellen-Theorie	Kritikpunkte an der „Zwei-Quellen-Theorie" benennen und klären, warum diese Theorie immer noch akzeptiert ist.	☺☺☺	36
Verborgene Evangelien als Quellen über Jesus	erläutern, was apokryphe Evangelien sind und deren Wert für eine Biografie Jesu benennen.	☺☺	37
Außerbiblische Belege über Jesus	außerbiblische Quellen zu Jesus und deren Aussagen zu Jesus zusammenfassen.	☺☺	38-39
Leben zur Zeit Jesu/ Jesus begegnet Menschen seiner Zeit	Besonderheiten der Zeit und Umwelt Jesu beschreiben und politische sowie religiöse Gruppen unterscheiden (siehe auch ReliBausteine „Jesus begegnen").	☺	40-42
Jesus begegnet Menschen von „unten"	erläutern, dass es Jesus in seinen Worten und Taten um Menschen am Rande der Gesellschaft ging.	☺☺	43-44
Jesus und die Frauen	anhand von Bibelgeschichten Jesu Verhältnis zu Frauen darstellen.	☺☺	45
Jesus – ein Jude **Religion Jesu**	die wichtigsten Hinweise auf Jesus als Juden zusammenfassen sowie Grundzüge der Religion Jesu beschreiben.	☺☺	46 47
Jesus nachfolgen	die wichtigsten Jünger Jesu benennen sowie aufzeigen, was mit der Nachfolge Jesu verbunden ist.	☺	48
Die ersten Christen	darstellen, wie es mit den Anhängern Jesu nach seinem Tod weiterging.	☺	49

III. Jesu Botschaft

Titel	Lernende können ...	Schwierigkeitsgrad	Seite
Reich Gottes als zentrale Botschaft	zentrale Texte zur Reich-Gottes-Botschaft und die in ihr enthaltene Hoffnung auf das Reich Gottes wiedergeben.	☺	50
Jesus als Lehrer	die Lehrreden Jesu sowie den Aufbau der Bergpredigt zusammenfassen.	☺☺	51
Botschaft der Bergpredigt	Bergpredigt und Feldrede unterscheiden sowie die Lebenseinstellung zentraler Aussagen der Bergpredigt analysieren.	☺☺ ☺	52

Titel	Lernende können …	Schwierigkeitsgrad	Seite
Jesus und die Vergebung **Feindesliebe verstehen**	Jesu Gebot der Feindesliebe auf ihr Leben beziehen und anhand der Diskussion unterschiedliche Einstellungen dazu hinterfragen.	☺ ☺	53 54
Ansätze zur Auslegung der **Bergpredigt**	verschiedene Auslegungsmöglichkeiten der Bergpredigt darstellen sowie klären, welche der Aussagen ihnen zu radikal erscheint.	☺☺	55 56
Bergpredigt in der Politik	anhand von Zitaten diskutieren, ob die Bergpredigt sich für die Politik eignet.	☺☺☺	57
Jesus und das gute Handeln	eine Geschichte/einen Comic zu einem ethischen Bibeltext gestalten.	☺	58
Der werfe den ersten Stein …	Joh 8,1-11 vor dem Hintergrund von Mt 7,1-5 interpretieren und eine eigene Geschichte zu „Verurteile nicht" formulieren.	☺☺	59
Gleichnisse Jesu **Jesus redet von Gott** **Gleichnisse kreativ** **Gleichnis Jesu in der Volxbibel**	• erklären, warum Jesus in Gleichnissen erzählt; Gleichnisse unterscheiden; • die versteckte Botschaft in den Gleichnissen als Rede von Gott darstellen; • kreativ Gleichnisse in Szene setzen; • eine Übertragung eines Gleichnisses in die aktuelle Sprachwelt einschätzen.	☺ ☺ ☺ ☺	60-61 61 62 64
Wunder in den Evangelien	Aussagen über Wunder interpretieren und Wunder Jesu benennen.	☺	65
Jesus der Wundertäter **Wundergeschichten Jesu** **verstehen**	die Grundstruktur einer Wundergeschichte sowie deren Gattung ermitteln; die Bedeutung von Krankheit und Heilung im damaligen Kontext erläutern.	☺☺	66 67
Jesus und die bösen Geister	den Glauben an Dämonen zur Zeit Jesu deuten.	☺☺	68
Tod und Auferstehung Jesu in **den Evangelien** **Palmsonntag bis Himmelfahrt** **Kreuzweg**	die Abfolge der Ereignisse um Sterben und Auferstehung anhand der biblischen Quellen und der aktuellen Festtradition ordnen; andere entlang der Stationen eines Kreuzwegs führen und unterscheiden, welche der Stationen biblisch sind und welche der Tradition entstammen.	☺	69 70 71-73
Jesus und das Abendmahl	biblische und traditionsgeschichtliche Deutungen zum Abendmahl interpretieren.	☺☺	74
Warum musste Jesus sterben? **Kreuzigung als Todesstrafe**	die Verantwortung für den Tod sowie die Wirkung der Todesstrafe Jesu auf die Zeitgenossen erläutern.	☺☺	75 76
Jesu letzte Worte	die Absicht der Evangelisten bei den letzten Worten Jesu interpretieren.	☺	77
Für uns gestorben – biblisch **Diskussion um den Sühnetod**	beschreiben, was die biblische Rede „für uns gestorben" bedeutet und worin sie gründet sowie Ansätze in der Deutung um den Sühnetod Jesu unterscheiden.	☺☺ ☺☺☺	78 79
Auferstehung Jesu biblisch **Auferstehung religionsge-** **schichtlich**	die biblischen Texte der Auferstehung und die religionsgeschichtlichen Parallelen in Beziehung setzen.	☺☺ ☺☺☺	80 81
War das Grab leer? **Ist Jesus von den Toten** **auferstanden?**	die Diskussion um das leere Grab und die Frage, ob Jesus auferstanden ist, zusammenfassen und selbst eine Umfrage hierzu durchführen.	☺☺	82 83
Gedanken zur Auferstehung	Worte zur Auferstehung reflektieren sowie eigene Gedanken hierzu formulieren.	☺☺	84
Jesu Geburt **Jesus und die** **Weihnachtsgeschichten**	die biblischen Weihnachtserzählungen in Mt und Lk unterscheiden sowie Fragen der Zeitgeschichte rund um die Geburtserzählungen klären.	☺	85 86
Die wunderbare Geburt **großer Männer**	Parallelen zu Motiven der Weihnachtsgeschichte benennen und diese interpretieren.	☺☺	87

IV. Deutungen zu Jesus Christus

Titel	Lernende können …	Schwierigkeitsgrad	Seite
Ich-bin-Worte Jesu	die Aussagen des Johannesevangeliums als frühes Bekenntnis zu Christus deuten.	☺	88
Namen und Titel Jesu **Messias – Gesalbter – Christus/** **Jesus als Christus** **… Sohn Gottes** **… Retter, Erlöser, Heiland** **… Herr und Weltenherrscher** **… Menschensohn und Richter** **… Lamm Gottes**	• die Namen und biblischen Titel Jesu zusammenfassen und anderen ansatzweise erläutern; • beschreiben, welche Hoffnung sich hinter den einzelnen Hoheitstiteln verbirgt und interpretieren, welche Funktion sie damals hatten; • aktuelle Assoziationen zu den Titeln ermitteln.	☺ ☺☺ ☺☺	89 90 91 92 93 94 95 96
Jesus in Symbolen	zentrale Symbole für Jesus wie Fisch und Kreuz deuten sowie weitere Symbole für Jesus zusammenfassen.	☺	97
Mit Symbolen den Weg Jesu **gestalten**	anhand zentraler Symbole des „Friedenskreuzes" (Ulrich Walter) den Weg Jesu gestalten.	☺	98
Wahrer Mensch und wahrer **Gott/Jesus im Glaubensbe-** **kenntnis**	die Entwicklung der Christologie als Deutung Jesu in den ersten Jahrhunderten und Begriffe wie „Trinität" und „Zwei Naturen Lehre" ansatzweise erläutern sowie Aussagen des Glaubensbekenntnisses interpretieren.	☺☺☺	99 100

Jesus – einer für viele?	anhand einer Karikatur klären, auf welche Weise Jesus Identifikationsfigur für viele ist.	☺☺	101
Jesus im Judentum	neuere Aussagen zu Jesus aus dem jüdischen Kontext interpretieren.	☺☺	102
Jesus im Islam	die Darstellung Jesu im Koran mit der Bibel in Beziehung setzen.	☺☺	103
Jesus in Asiens Religionen	die Biografie Jesu und Buddhas nacherzählen und die Lehren vergleichen.	☺☺	104
Die philosophische Frage nach Jesus	mithilfe eines Textes von Voltaire ermitteln, welche Bedeutung Jesus in der Philosophie zugestanden wird.	☺☺	105
Jesus der Arier	die Interpretation Jesu im Dritten Reich als Arier beschreiben.	☺☺	106
Jesus im Marxismus	am Beispiel Milan Machoveč die Interpretation des Gottesreichs durch den Marxismus reflektieren.	☺☺	107
Jesus als Rebell und Revolutionär	die soziale Dimension der Aussagen zu Jesus als Rebell oder als Revolutionär mit der biblischen Botschaft vergleichen.	☺☺	108-109
Jesus in der Befreiungstheologie/Jesus ist schwarz/Jesus der Befreier	das Jesusbild der Befreiungstheologie aus Sicht von Adolf Holl, Dorothee Sölle und der „Schwarzen Theologie" darstellen und als kontextuelle Deutung interpretieren.	☺☺	110-112
Jesus aus Sicht von Papst Benedikt XVI.	die ekklesiologische Deutung Jesu aus Sicht des Papstes und seine Einstellung zur Bibelwissenschaft reflektieren.	☺☺	113
Jesus im Bild **Herr über den Tod oder Schmerzensmann** **Jesus der gute Hirte und Menschenfreund**	• Phasen der Kunstgeschichte unterscheiden und ihren Einfluss auf die Gestaltung von Jesusbildern beschreiben; • Interpretationen der Gestalt Jesu und des Symbols Kreuz reflektieren; • selbst eine Präsentation zu Jesusbildern erstellen.	☺ ☺☺ ☺	114-115 116 117
Jesus und die Werke der Barmherzigkeit	die mittelalterliche Tradition der Werke der Barmherzigkeit mit Stationen der Lebensgeschichte Jesu in Beziehung setzen	☺☺	118
Kreuze der Welt	erläutern, dass das Kreuz und die Darstellung der Kreuzigung als Symbol für die Solidarität Jesu mit den Unterdrückten und Verfolgten wahrgenommen wird.	☺	119
Jesus literarisch: **Kurt Marti/Peter Handke**	am Beispiel von Kurt Marti und Peter Handke zeigen, wie sich exemplarisch die literarische Auseinandersetzung mit Jesus gestaltet.	☺☺	120 121
Jesusromane **Der Schatten des Galiläers**	verschiedene Zugänge von Jesusromanen unterscheiden und zeigen, wie „Der Schatten des Galiläers" Jesusforschung und Erzählung verbindet.	☺	122 123
Geschriebene Worte über Jesus	literarische Aussagen über Jesus einordnen und interpretieren.	☺	124
Jesus im Gesangbuch **Jesuslieder** **Jesus als Gammler**	• Gesangbuchlieder und weitere Beispiele von Jesusliedern nennen und singen; • die Lieder in Text und Melodie zu ihrem Jesusbild hinterfragen.	☺	125 126 127
Jesus in der Popmusik **„Personal Jesus"**	Beispiele von Popsongs, die sich mit Jesus auseinandersetzen, analysieren und anhand von „Personal Jesus" zeigen, dass Jesus als Synonym verwendet wird.	☺	128 129
Jesus im Film **Jesus von Montreal** **Jesus in der Matrix** **Jesus Christ Superstar**	• Beispiele von Jesusfilmen benennen und Gattungen unterscheiden; • deuten, warum Jesus Stoff so vieler Verfilmungen wurde; • die symbolische Auseinandersetzung mit der Figur Jesu in Filmen wie „Jesus von Montreal", „Matrix" und „Jesus Christ Superstar" analysieren.	☺ ☺ ☺☺	130-131 132 133 134
Parodie oder Blasphemie?	an Beispielen aus den Bereichen Film, Musik und Comic diskutieren, wo die Grenze zwischen Parodie und Blasphemie liegt.	☺	135
Nachfolge Jesu heute	anhand von Bibeltexten klären, wie Nachfolge heute aussehen könnte.	☺	136
Nachfolge Jesu im Einsatz für die Armen	Albert Schweitzer und Mutter Teresa als Beispiele für Nachfolge im Dienst an den Armen darstellen.	☺	137
Nachfolge Jesu bei Dietrich Bonhoeffer	Dietrich Bonhoeffer als Beispiel der Bereitschaft beschreiben, sich auf den „Bruch" mit der Welt einzulassen.	☺☺☺	138
Jesusfreaks und W.W.J.D.	Impulse der Nachfolge aus evangelikalen Kreisen beurteilen.	☺☺	139
Ein Licht für andere	aufzeigen, wie man selbst in der Nachfolge ein „Licht für andere" werden kann.	☺	140
Jesusworte fürs Leben	Jesusworte interpretieren und mit Lebenssituationen in Beziehung setzen.	☺	141
Wer ist Jesus für mich?	abschließend mithilfe von Aussagen klären, wer Jesus für sie persönlich ist.	☺	142

Mache dir ein Bild von Jesus!

Jesus ist ein Thema für viele – nicht nur für Christen. Menschen, die nicht an Gott glauben, sehen ihn als Vorbild, Vertreter fremder Religionen sehen in ihm einen Bruder. Doch wer war Jesus wirklich? Wer ist er für Menschen von heute? Sich ein Bild darüber zu machen, ist nicht leicht.

☞ Was sagt das Bild darüber? Sprich über das Bild auch mit anderen.

© Christian Günther 2011

Jesusbilder

Bilder sagen viel darüber aus, was man über Jesus denkt.

☞ Wie wird Jesus hier dargestellt? Fasse die Aussage der Bilder zusammen.

☞ Ergänze: Künstler machen so unterschiedliche Bilder von Jesus …

Jesusgeschichten

So manche Jesusgeschichte ist dir vielleicht schon begegnet – im Kindergarten, in der Grundschule oder in der Gemeinde, beim Lesen einer Kinderbibel oder im Fernsehen.

☞ Schneide die Bilder aus und ordne sie den Überschriften zu.
Wenn du die Geschichte nicht kennst, kannst du sie in der Bibel nachlesen.

☞ Um dir einen Überblick zu verschaffen kannst du versuchen, die Bilder zu ordnen:
- Kindheit und Taufe Jesu
- Jesu Worte und Gleichnisse
- Jesu Taten und Wunder
- Jesu Tod und Auferstehung.

Jesus in der Krippe Lukas 2	Die Weisen aus dem Morgenland Matthäus 2	Der Zöllner Zachäus Lukas 19
Jesus im Tempel Markus 11	Das verlorene Schaf Lukas 15	Jesus als Kind im Tempel Lukas 2
Der Aussätzige Markus 1	Die Fußwaschung Johannes 13	Das Gleichnis vom Sämann Markus 4
Jesus stillt den Sturm Markus 4	Der barmherzige Vater Lukas 15	Jesus wird getauft Markus 1
Die Arbeiter im Weinberg Matthäus 20	Der barmherzige Samariter Lukas 11	Jesus zieht in Jerusalem ein – Markus 11
Die Kreuzigung Markus 15	Verrat des Petrus Markus 14	Im Garten Gethsemane Markus 14
Das leere Grab Markus 16	Der blinde Bartimäus Markus 10	Jesus wird verhaftet Markus 14
Berufung der Jünger Markus 1	Die Jünger begegnen Jesus in Emmaus – Lukas 24	Der Gelähmte wird geheilt Markus 2
Jesus und die Kinder Markus 10	Die Brotvermehrung Markus 6	Die Bergpredigt Matthäus 5-7

Grafiken aus: ReliBausteine „Jesus begegnen"

Umfragen über Jesus

Immer wieder machen Zeitschriften Umfragen zum Glauben der Deutschen. 1999 befragte die Zeitschrift „Der Spiegel" Menschen, was sie über Jesus glauben. Dabei kam heraus, dass Deutsche glauben:

83 %: er sei gekreuzigt worden.
77 %: er sei in Bethlehem geboren.
29 %: er sei leiblich auferstanden.
27 %: er sei von einer Jungfrau geboren.
27 %: er habe für sie keine Bedeutung.

Im Jahr 2010 machte das Magazin „PM Perspektive" unter 1000 Erwachsenen eine Umfrage. Heraus kam:

28 % glauben nicht, dass Jesus als Gottes Sohn auf Erden gelebt hat.
36 % glauben dies sicher.
26 % halten es „vielleicht" für möglich.
20 % der Protestanten und 14 % der Katholiken zweifeln stark oder glauben nicht daran, dass Jesus Gottes Sohn war.

Von den 18- bis 29-Jährigen beantworteten 23 % die Frage nach Jesu göttlicher Geburt mit einem „Ja", während es bei den über 65-Jährigen 44 % sind.

Katholiken sind sich häufiger „ganz sicher" (53 %) als evangelische Christen (42 %). Frauen sind weniger misstrauisch als Männer: Bei ihnen glauben lediglich 23 % „eher nicht" oder „auf keinen Fall" daran, dass Gottes Sohn auf Erden war. Unter den Männern zweifeln daran 34 %.

☞ Welche Schlüsse ziehst du aus den beiden Umfragen?

☞ Führe mit Menschen aus deinem Umfeld selbst eine Umfrage zum Thema „Jesus" durch. Berücksichtige dabei folgende Fragen:

o	Welche Jesusgeschichten fallen Ihnen/dir spontan ein?
o	In welcher Zeit hat er gelebt?
o	Was hat Jesus getan und gesagt?
o	Wie schätzt du/schätzen Sie Jesus als Mensch ein?
o	Was denkst du/denken Sie über seinen Tod?
o	Wie schätzt du/schätzen Sie die Auferstehung Jesu ein?
o	Warum glauben Menschen an Jesus?
o	Glaubst du/glauben Sie, dass Jesus Gottes Sohn ist?
o	Wer war Jesus für dich/für Sie?
o	

Jesusgeschichten *kreativ erkunden*

Bibeltexte kann man nicht nur lesen, sondern auch vertiefen. Wer sie kreativ umsetzt, der vergisst sie so schnell nicht wieder – und hat Spaß dabei.
Hier ein paar Möglichkeiten der kreativen Umsetzung:

Jesusgeschichten verfremden

Versuche eine Jesusgeschichte literarisch zu verfremden.
Man kann sie als Zeitungsartikel verfassen oder so umschreiben, dass sie „hier und heute" spielt. Wichtig dabei ist, dass erhalten bleibt und zur Geltung kommt, was die Bibelgeschichte eigentlich sagen will.
☞ Beispiel: Der Zöllner Zachäus (Lk 19,1-10)

Jesusgeschichten vertonen

Den Text kann man mit einem Soundtrack unterlegen. Einer liest vor, die anderen setzen das Gehörte in Töne und Laute um.
Ihr könnt einen Ablaufplan entwerfen, damit ihr wisst, wann welche Geräusche und Töne gespielt werden.
☞ Beispiel: Die Seesturmstillung (Lk 8,22-25)

Jesusgeschichten mit Farben gestalten

Man kann eine Geschichte nur mit Farben malen. Auch können Körperteile mit passenden Farben gestaltet werden:

- Füße: Woher komme ich? Wohin gehe ich?
- Hände: Was tue ich? Wie handle ich?
- Kopf: Was denke ich?
- Herz: Was fühle ich?

Das Ergebnis wird eine Wirklichkeit widerspiegeln, die die Tiefendimensionen der Geschichte darstellt.
☞ Beispiel: Heilung des Bartimäus (Mk 10,46-52)

Jesusgeschichten in Szene setzen

Gestaltet eine Jesusgeschichte szenisch – als Fotoreportage (nur Standbilder), als Pantomime (nur mit Mimik und Gestik) oder als Schattenrisstheater (Aufführung hinter einer beleuchteten Leinwand). Wenn ihr euch mit „den Musikern" zusammentut, kann daraus ein Gesamtkunstwerk entstehen!
☞ Beispiel: Der verlorene Sohn (Lk 15,11-32)

Personen zu Jesus interviewen

Manchmal möchte man gerne eine biblische Person etwas fragen oder ihr die Meinung sagen: „Wie konntest du nur ...!" oder: „Was ich nicht verstehe ..."
Überlegt euch Fragen, Vorwürfe, Bitten ..., was auch immer.
Formuliert Fragen an die Person. Ihr könnt dazu auch eine Talkshow gestalten. Einige unter euch können Rollen aus der Geschichte übernehmen.
☞ Beispiel: Jesus und die Ehebrecherin (Joh 8,1-11)

Die Bibel berichtet über Jesus

Die Evangelien berichten über Jesus – aber nicht so, wie dies heute viele Biografien tun. Sie wollen zeigen, dass Jesus der Sohn Gottes war. Dies wurde seinen Anhängern durch die Auferstehung deutlich und dies spielt in ihrer Beschreibung des Lebens mit hinein.
Dennoch lassen sich einige Hinweise verfolgen, die auf das Leben Jesu schließen lassen:

☞ Fertige nach den Aussagen der Bibel einen „Steckbrief" an:

Information	Lies nach …
Name	Mk 1,9; Mt 1,21+25
Eltern	Mt 1,18; Mt 13,55
Geschwister	Mk 6,3; Mk 3,32; Mt 13,55-56
Geburtsort / Land	Mt 2; Lk 2 (besonders Lk 2,4)
Wohnort / Land	Mk 6,1-3; Mt 4,13; Mk 2,1
Herrscher zur Zeit seiner Geburt	Lk 1,5; Lk 2,1-4; Mt 2,1
Volkszugehörigkeit und Religion	Lk 23,38
Beruf	Mk 6,3
Beginn des öffentlichen Auftretens	Lk 3,23
Orte, an denen er wirkte	Mk 1,14+21; 2,1+13; 7,24+31; 8,22; 11,15
Anhänger Jesu	Mk 3,13-19; 2,14; Lk 6,14-16; Lk 8,1-3
Menschen, um die er sich kümmerte	Mt 9,13; Mk 1,40+41; 2,3+15; 8,22
Tätigkeiten	Mk 1,39; Mk 4,34; Mt 4,23-25; Mt 9,35
Folgen der Taten Jesu	Mk 3,6; Joh 5,18.
Gegner Jesu	Mk 2,6-7; Mk 3,6; Mk 3,22; Mk 12,38; 14,55
Verhaftet von	Mk 14,43-44
Verurteilt von	Mk 14,55+64; Mk 15,15
Gründe für die Verurteilung	Mk 14,61-64; Mk 15,26; Lk 23,1+2; Lk 23,14
Jesu letzte Worte	Mt 28,18-20; Mk 16,15-18; Apg 1,7+8
Todesart	Mk 15,24.37
Ort des Todes	Mk 15,22; Mt 27,33
Zeitpunkt des Todes	Mk 15,34.42
Zeitpunkt der Beerdigung	Mk 15,42
Nach dem Tod Jesu geschah …	Mt 28; Mk 16; Lk 24
Mit seinen Anhängern ging es weiter …	Apg 2; Apg 4

Meinungen über Jesus in der Bibel

In der Bibel sind unterschiedliche Meinungen über Jesus zu
finden. Sie zeigen die Verehrung seiner Anhänger, aber auch,
dass es Menschen gab, die Jesus kritisierten.

„Herr"
„Gotteslästerer"
„Sohn Gottes"

☞ Suche in der Bibel nach den fehlenden Meinungen
und überlege jeweils, warum es ein solch vielfältiges Bild über Jesus gibt.

Mk 1,24   Heiliger Gottes.

Mk 3,21-22   ....

Mk 3,30   ....

Mk 6,3   ....

Mk 9,5   ....

Mk 14,64   ....

Mt 8,2   Herr.

Mt 16,10.16   Messias - Heilskönig Israels – Christus - Sohn Gottes.

Mt 26,65:   ....

Lk 2,11   Heiland – Christus – Retter.

Lk 7,34   ....

Joh 1,49   ....

Joh 6,14   ....

Joh 10,20   ....

Joh 20,28   ....

Zeit Jesu

☞ In welcher Zeit lebte Jesus? Fertige eine Zeitleiste an, die folgende Informationen verarbeitet. Du kannst hierzu auch die Symbole verwenden.

69 v.Chr.   7/4 v.Chr.   30 n.Chr.   70 n.Chr.   125 n.Chr.

Römische Herrschaft in Israel: ab 69 v.Chr.

König Herodes der Große: 37-4 v.Chr.

Umbau des Tempels unter Herodes: ab 21 v.Chr.

Kaiser Augustus regiert 30 v.Chr. - 14 n.Chr.

Geburt Jesu: etwa 7/4 v.Chr.

Kaiser Tiberius regiert 14-37 n.Chr.

Pontius Pilatus als Statthalter: 26-36 n.Chr.

Tod Jesu: etwa 30 oder 33 n.Chr.

Erste christliche Gemeinden entstehen um 32 n.Chr. IXΘΥΣ

Christenverfolgungen der Römer ab Kaiser Nero. um 64 n.Chr.

Römisch-Jüdischer Krieg: 66-70 n.Chr.

Zerstörung Jerusalems: 70 n.Chr.

Briefe des Apostels Paulus: 50-56 n.Chr.

Evangelium nach Markus: um 70 n.Chr.

Evangelium nach Matthäus: um 80 n.Chr.

Evangelium nach Lukas: um 80 n.Chr.

Evangelium nach Johannes: um 90 n.Chr.

Ältestes Schriftstück des Neuen Testaments: um 125 n.Chr.

Landkarte: Wo Jesus wirkte

☞ Erstelle mithilfe einer Israelkarte (z.B. in einer Bibel) eine Landkarte zum Leben Jesu.
Suche nach Hinweisen in den Bibelstellen: Mk 1,16; Mk 2,1; Mt 2,5; Mk 8,27; Mk 11,1;
Mt 3,13; Mt 11,21; Mt 21,17; Lk 1,1-4; Lk 7,11; Lk 17,11; Lk 19,1-2; Lk 24,13f.; Joh 2,1.
Der römische Statthalter residierte in … (siehe Apg 21,8).

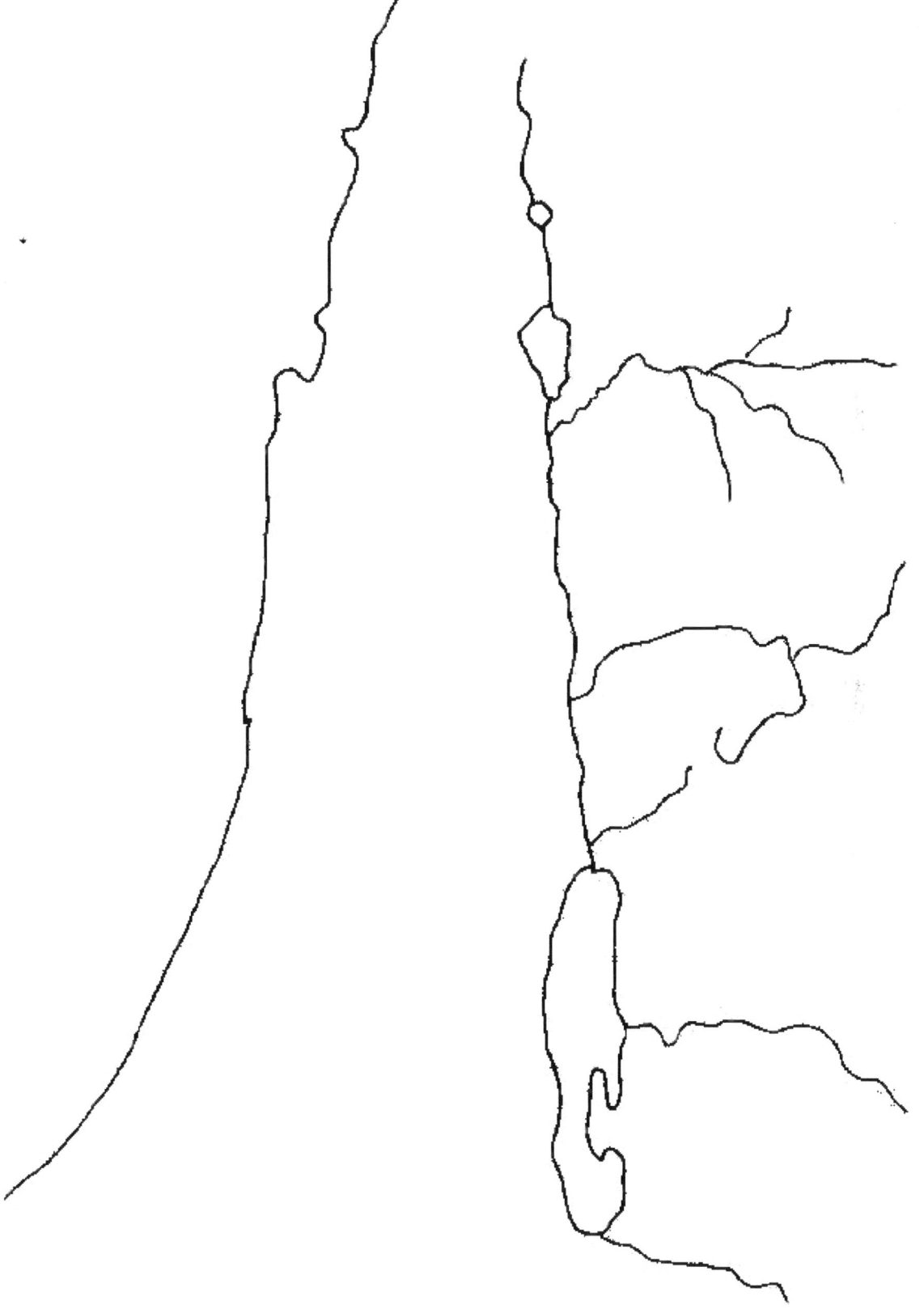

Der historische Jesus

Wer nach dem „Menschen namens Jesus" sucht, kommt wie der Theologe Roman Heiligenthal nicht daran vorbei zu sagen: Jesus steht seit den Evangelisten in Gefahr, „verfälscht" dargestellt zu werden. Dennoch gibt es aus seiner Sicht klare Fakten: Jesus lehrte und heilte in Galiläa, scharte Anhänger um sich und kündigte die baldige Herrschaft Gottes an.

Heute gilt bei Forschern als gesichert, dass Jesus vermutlich im Jahr 7/4 v.Chr. geboren wurde. Man nimmt an, dass sein Geburtsort Nazareth war (Jesus aus Nazareth), denn Lukas und Matthäus überliefern nachträglich Bethlehem, um deutlich zu machen, dass Jesus der Nachkomme Davids ist. Jesus wächst in einer jüdischen Familie mit Geschwistern auf, von denen die Namen Jakobus, Joses, Judas und Simon überliefert sind. Seine Mutter hieß Maria. Sein Vater Josef war Handwerker und so erlernte Jesus auch diesen Beruf. Seine Familie steht vermutlich erst nach seinem Tod in seiner Nachfolge. Als Jude wurde er als Säugling beschnitten und in der Synagoge unterrichtet. Die Taufe Jesu durch Johannes den Täufer gilt als authentisch. Vermutlich war Jesus ein Anhänger des Johannes, der ein nahes Gericht Gottes erwartete. Jesus lehrte dagegen eine heilvolle Nähe des Gottesreiches. Wohl erst mit etwa 30 Jahren tritt Jesus vorwiegend am See Genezareth rund um die Stadt Kapernaum auf. Dies war etwa 26/29 n.Chr. Sein Wirken war vermutlich nur ein Jahr (synoptische Evangelien). Jesus beruft Jüngerinnen und Jünger, die mit ihm als Wanderprediger auf Reisen gehen. Sesshafte Anhänger sind vor allem Frauen. Jesus hat sich Menschen am Rande der Gesellschaft zugewandt: Ausgestoßene, Kranke, Behinderte, Arme, Sünder, Zöllner und Frauen. Er verkündet die Botschaft vom Reich Gottes – die Gottesherrschaft ist mit seiner Gegenwart angebrochen. Durch Taten, die als Wunder verstanden werden, erweist er der Botschaft eine reale Gegenwart und veranschaulicht die Reich-Gottes-Verkündigung in Gleichnissen. Im Zentrum seiner Ethik steht das Liebesgebot.

Zu Jesu Gegnern zählen Schriftgelehrte, Pharisäer, deren Lehre der der Jesusbewegung nahe steht, und Sadduzäer. Letztere sind für die Verhaftung Jesu mitverantwortlich. Ort des Leidens und Todes Jesu ist Jerusalem, wohin er mit seinen Jüngern zum Passafest gezogen ist. Die überlieferten Ortsangaben (Bethanien, Ölberg, Golgatha) gelten als historisch wahrscheinlich. Er stirbt am Kreuz, wohl am Vorabend des Passafestes am 14. oder 15. des jüdischen Monats Nissan unter der Herrschaft des Statthalters Pontius Pilatus. Das genaue Todesjahr kann nicht eindeutig ermittelt werden – vermutlich im Jahr 30 oder 33. Nach seinem Tod sammeln sich seine Anhänger und bezeugen, dass Jesus von den Toten auferstanden sei. Daraus entwickelt sich der Glaube an Jesus den „Christus" und die Glaubensbewegung der „Christianoi", der Christen.

☞ Fasse zusammen, was heute unter Forschern zu Jesus wohl als gesichert gilt.

Wie sah Jesus aus?

Wie Jesus aussah, wird in den Evangelien nicht berichtet. Für die Verfasser war diese Frage unwichtig. So wird keine Angabe gemacht, die uns Auskunft über sein Aussehen oder seine Gestalt gibt.

Auch für die ersten Christen spielte dies keine Rolle. Die älteste Abbildung aus einer römischen Katakombe (Grabanlage, um 250) zeigt Jesus als einen Jüngling, der ein Schaf auf dem Rücken trägt. Mit Bildern wie diesen sagten die Christen aus: Jesus ist ein guter Hirte.

☞ Lies hierzu Joh 10,11 und das Gleichnis Lk 15,1-7.

Das älteste Bild, das den Anspruch erhebt, das Abbild Jesu darzustellen, ist das „Heilige Mandylion" – eines der wichtigsten Bilder der Orthodoxen Kirche. Im Jahre 522 wird erstmals erwähnt, dass auf dem Grabtuch Jesu sein Gesicht zu entdecken war. Dies soll Grundlage für eine Darstellung Jesu sein, die das Gesicht eines ernst in die Ferne blickenden Mannes zeigt. Hier wird er bereits mit Bart und langen Haaren dargestellt.

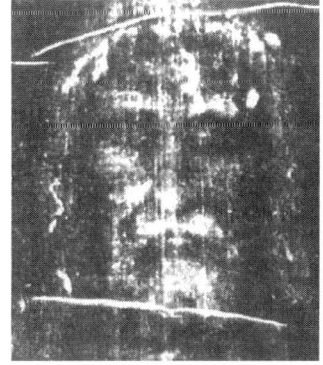

Auch das Turiner Grabtuch soll das echte Abbild Jesu zeigen. Das Leinentuch, das im Turiner Dom aufbewahrt wird, zeigt das Ganzkörperbild eines Menschen. Für viele Katholiken gilt es als das echte Grabtuch Jesu. Erstmals im 14. Jahrhundert erwähnt, zeigt es das Gesicht eines Mannes mit Vollbart und langen Haaren. Dieses Bild inspirierte Künstler, die Jesus darstellten – bis heute.

☞ Recherchiere zum Turiner Grabtuch und den wissenschaftlichen Untersuchungen, die man mit ihm machte.

Der britische Sender BBC rekonstruierte 2001 im Rahmen einer Dokumentation anhand archäologischer Funde das Bild eines typischen Mannes aus der Region. Ausgangsbasis waren Schädelfunde in der Region am See Genezareth. So entstand dieses Computerbild. Es gilt für Wissenschaftler als eine Darstellung, die vermutlich dem Aussehen Jesu nahe kommt.

Bild: BBC

☞ Warum beschäftigt es Menschen über viele Jahrhunderte, wie Jesus aussah?

☞ Welche Rolle spielen deiner Meinung nach Details wie das Aussehen für den Glauben an Jesus?

Forschung über das Leben Jesu

Wer war eigentlich der „historische" Jesus? Lange hatte man sich nicht für den Menschen Jesus und sein Leben interessiert. Bereits für die Evangelisten war es wichtiger, ihrer Gemeinde vor Augen zu führen: Jesus ist Gottes Sohn, der Menschen erlösen kann. Erst im 18. Jahrhundert begannen erste Versuche einer „Leben-Jesu-Forschung". 1835 erkannte David Friedrich Strauß in seinem Buch „Leben Jesu": die Evangelien verfolgen unterschiedliche Interessen und „konstruieren" so die Aussagen über sein Leben verschieden. Weil dies bei Johannes besonders deutlich wird, ist er für eine Biografie Jesu kaum verwertbar. Albert Schweitzer, der später als Urwald-Arzt berühmt wurde, erkannte in seiner „Geschichte der Leben-Jesu-Forschung": Auch jeder Autor einer Jesus-Biografie heute überträgt eigene Vorstellungen auf Jesus. Schweitzer sagte: Jesus war vermutlich ganz anders, als wir ihn sehen wollen. Noch weiter ging Rudolf Bultmann, der 1926 erkannte, *„dass wir vom Leben und der Persönlichkeit Jesu so gut wie nichts mehr wissen können, da die christlichen Quellen sich dafür nicht interessiert haben, außerdem sehr fragmentarisch und von der Legende überwuchert sind, und da andere Quellen über Jesus nicht existieren"*. Rudolf Bultmann vertrat daher die These, dass man sich nur noch mit dem Jesus zu beschäftigen habe, der „verkündigt" wurde („kerygmatischer Jesus"). Nach diesem vorläufigen Ende der Leben-Jesu-Forschung versuchte man zu verstehen, in welche Situation hinein die Evangelisten ihr Evangelium schrieben – den sogenannten „Sitz im Leben" eines Textes in der Situation seiner Leser und Hörer. Dazu gehörte es auch, die Sammeltätigkeit und Auswahl („Redaktion") der Evangelisten unter die Lupe zu nehmen.

Einen Neuansatz suchte Ernst Käsemann (1953), um an den „echten Jesus" heranzukommen. Sein Weg war es, vom Text her nach Kriterien zu suchen, die eine Echtheit der Worte nahelegen. Inzwischen ist man in einer sogenannten „dritten Phase" der „Leben-Jesu-Forschung" angekommen. Man versucht Jesus stärker von seinem sozialen und religiösen Umfeld her zu verstehen. Neben schriftlichen Quellen ist hierbei die Archäologie und Sozialgeschichte wichtig, denn die Lebenswelt der Menschen damals kann Aufschluss darüber geben, wie Jesu Botschaft zu verstehen ist.

Im Buch „Der historische Jesus" fassen die Theologen Anette Merz und Gerd Theißen zusammen, wie vielfältig heute Jesus gesehen wird:

- Der *Charismatiker:* Jesu Beziehungen
- Der *Prophet:* Die Eschatologie (= Lehre von der Zukunft) Jesu
- Der *Heiler:* Die Wunder Jesu
- Der *Dichter:* Die Gleichnisse Jesu
- Der *Lehrer:* Die Ethik Jesu
- Der *Kultstifter:* Das Abendmahl
- Der *Märtyrer:* Die Passion
- Der *Auferstandene:* Ostern.

Die Themenfelder zeigen, wie unterschiedlich Jesus historisch wahrgenommen wird. Die Forschung ist allerdings noch nicht am Ende angelangt.

☞ Welche Schwierigkeiten ergeben sich beim Schreiben einer Biografie allgemein und insbesondere bei der Biografie Jesu?

☞ Rudolf Bultmanns Thesen führten zu großer Zustimmung und zu großem Widerspruch. Überlege, warum dies so war.

☞ Recherchiere weiter im Internet über die „Leben-Jesu-Forschung" (z.B. im ausführlichen Wikipedia-Artikel). Welche Fragen tauchen auf?

Foto: Rudolf Bultmann

Echtheit der Quellen über Jesus

Welche schriftlichen Zeugnisse (Quellen) über Jesus sind eigentlich „echt"?

Die Evangelien erzählen von ihm, aber sie wollen ihn primär als den Messias (griechisch: Christus) verkündigen. Sie berichten also nicht objektiv über den Menschen Jesus. Die historische Forschung möchte aber aufzeigen, wer Jesus von Nazareth war, was er gesagt und getan hat, bevor er als Christus verkündigt wurde. Dies bezeichnet man als die Frage nach dem „**historischen Jesus**". Dabei untersucht man besonders die Evangelien danach, welche Spuren Jesus hinterlassen hat.

Ernst Käsemann (1953) machte klar: Um etwas über den Menschen Jesus herauszufinden, muss man Kriterien entwickeln, mit denen man die Zeugnisse über Jesus auf ihre Echtheit prüfen kann („**Echtheitskriterien**").

Wichtig ist die mehrfache, unabhängige Bezeugung in den Quellen (Kriterium der „**Mehrfachbezeugung**"). Wenn in mehreren, voneinander unabhängigen Quellen das Gleiche erzählt wird, ist es plausibel, dass es auf Jesus zurückgeht.

Das „**Differenzkriterium**" besagt: „*Als echt ist anzusehen, was sich weder in das jüdische Denken einfügt noch in die Anschauungen der späteren Gemeinde*" (Hans Conzelmann 1959). Es muss also ein Unterschied bestehen zwischen dem, was im Judentum zur Zeit Jesu gelehrt und dem, was im späteren Christentum über Jesus erzählt wurde. Nur was „sperrig" gegenüber Umwelt und Überlieferung ist, kann als echt angesehen werden. Unter diesem Grundsatz bleibt allerdings vom historischen Jesus nicht viel

übrig. Außerdem hieße das, dass Jesus sich in seiner Umwelt kaum verständlich ausgedrückt hätte. Aus diesem Grund ist das Differenzkriterium durch das Kriterium der „**Plausibilität**" ersetzt worden. Dieses Kriterium hat zwei Seiten. Es beachtet das Umfeld – also den historischen Kontext (**„Kontextplausibilität**"), in dem Jesus sich bewegt hat. Und es untersucht die Wirkungen („**Wirkungsplausibilität**"), die von Jesus ausgegangen sein können. Gerd Theißen und Anette Merz schreiben hierzu 1997: „*Historische Kontextplausibilität haben Jesusüberlieferungen, wenn sie in den jüdischen Kontext des Wirkens Jesu passen und innerhalb dieses Kontextes als individuelle Erscheinungen erkennbar sind.*"

Die Überlieferungen, die Jesus als Juden plausibel erscheinen lassen und gleichzeitig innerhalb des Judentums originell erscheinen, sind demnach als authentisch anzusehen: „*Historische Wirkungsplausibilität haben Jesusüberlieferungen, wenn sie als Auswirkungen des Lebens Jesu verständlich gemacht werden können.*"

Was sich also in späteren Quellen nicht problemlos in die Absicht der jeweiligen Quelle einordnen lässt, was sich zu der Quelle also „sperrig" verhält, kann auf Jesus zurückgeführt und als echt angesehen werden.

Abbildung oben: Der „Papyrus 52" gilt als das älteste bekannte Schriftstück des Neuen Testaments. Es stammt aus dem Jahr 125 nach Christus und zeigt eine Passage aus dem Johannesevangelium.

☞ Fasse kurz zusammen, welche Kriterien für Forscher heute da sein müssen, um einen Text als „plausibel" erscheinen zu lassen.

☞ Wie empfindest du diese Herangehensweise an biblische Texte?

Paulus als Quelle über Jesus

Im Neuen Testament unterscheidet man echte von unechten Briefen des Paulus. Die echten Briefe des Apostels Paulus sind die ältesten uns erhaltenen Dokumente des Neuen Testaments (1. Thessalonicher; 1. Korinther; 2. Korinther; Galater; Philipper; Philemon; Römer, verfasst um 50 n.Chr. bis 56 n.Chr.). Deshalb wären sie eigentlich eine interessante Quelle, wenn man nach dem „historischen" Jesus fragt. Doch Paulus ist dem Menschen Jesus persönlich nie begegnet. Entsprechend wenig „harte" Fakten findet man bei ihm. Er interessiert sich mehr für Jesus den „Christus", den Sohn Gottes. Einiges lässt sich jedoch aus den Briefen rekonstruieren und passt zu Informationen der Evangelien.

Bild: St. Gallen, 9. Jh.

☞ Fasse die Hinweise zusammen und kläre Unterschiede und Gemeinsamkeiten.

Thema	Stelle bei Paulus	Parallele in den Evangelien	Kommentar
Herkunft Jesu „nach dem Fleisch"	Röm 1,3	Mt 1	
Jesu Lehre von der Nächstenliebe	Röm 13,9f. (Gal 5,14)	Mk 12,29ff.	
Scheidungsverbot	1 Kor 7,10-16	Mt 5,32; 19,9	
Abendmahl	1 Kor 11,23f.	Lk 22,19f.	
Tod und Auferstehung Jesu	1 Kor 15,3 (Phil 2,6ff.)	Mk 14-16	

Von Paulus sind viele Bekenntnisse zu Jesus überliefert. Eines davon ist:

> Denn ich bin gewiss, dass weder Tod noch Leben,
> weder Engel noch Mächte noch Gewalten,
> weder Gegenwärtiges noch Zukünftiges,
> weder Hohes noch Tiefes noch eine andere Kreatur
> uns scheiden kann von der Liebe Gottes,
> die in Christus Jesus ist, unserm Herrn.
> Röm 8,38-39, Luther 2017

☞ Bei Paulus finden sich weitere Bekenntnisse wie dieses – beispielsweise der „Philipper-Hymnus" (Phil 2,5-11). Was sagen solche Aussagen aus?

☞ Welche Rolle spielen solche Aussagen für das Verständnis des „historischen" Jesus?

Evangelien als Quellen über Jesus

Markus	Matthäus	Lukas	Johannes

Entstanden: um 70 n.Chr. **Autor:** Frühe Hinweise weisen auf einen Schüler des Petrus hin. **Zielgruppe:** Vermutlich griechisch sprechende Heidenchristen, denen der jüdische Hintergrund Jesu erläutert werden muss. **Schwerpunkt:** Klärung der Frage: Wer ist Jesus? Jesus erweist sich als der Messias und Sohn Gottes: Mk 8,29 (Petrusbekenntnis). Doch erst von der Auferstehung her ist er als Messias zu erkennen. **Absicht:** Markus ist nicht die historische Genauigkeit wichtig, sondern: Wie kann man zum Glauben an Jesus finden, wenn man ihm nicht begegnet ist? Seine Antwort: Indem man das Evangelium hört und liest.	**Entstanden:** ab 80 n.Chr.; galt lange als das älteste Evangelium. **Autor:** Judenchrist aus Syrien, der das Markusevangelium und eine Redequelle (Q) kennt. **Zielgruppe:** Vermutlich griechisch sprechende Judenchristen, für die die Tora noch von Bedeutung ist. **Schwerpunkt:** Jesus ist Nachfahre des Königs David und gilt als der zweite Mose (Kindheitsgeschichte und Bergpredigt). Er gilt als Messias, den das Alte Testament angekündigt hatte, und als Lehrer. Daher gibt es viele Lehrreden (Mt 5-7; 10; 13; 18; 23; 24-25). Wundergeschichten werden sortiert (8-9) und gekürzt. **Absicht:** Jesus steht im Einklang mit den Geboten Gottes, die er richtig auslegt. Im Handeln der Christen soll das Christsein erkennbar sein.	**Entstanden:** vermutlich ab 80 n.Chr. **Autor:** Griechisch sprechender Heidenchrist mit historischem Interesse und Gespür für soziale Gerechtigkeit. Er ist auch Verfasser der Apostelgeschichte. Woher er kommt, ist unklar. Er kennt Markus und eine Redequelle (Q). **Zielgruppe:** „Theophilus" (= „Gottesfreund", Lk 1,1); griechisch sprechende Heidenchristen. **Schwerpunkt:** Jesus ist „Heiland" – Retter der Menschen, die am Rand der Gesellschaft stehen. Gleichzeitig warnt er vor Nachlässigkeit im Glauben und hofft auf eine baldige Wiederkunft Christi. **Absicht:** Genauere Erfassung der Ereignisse; der Gemeinde einen Platz in der Weltgeschichte zuweisen.	**Entstanden:** vermutlich nach 90 n.Chr. **Autor:** wohl aus Syrien oder Ephesus. Er kennt Markus und vermutlich die anderen Evangelien. **Zielgruppe:** eine griechisch sprechende Gemeinde, die aus der jüdischen Synagoge ausgestoßen wurde. **Schwerpunkt:** Jesus ist der Gottessohn, den die Welt nicht erkannte. Bereits heute kann man jedoch seine „Zeichen" (Wunder) erkennen. Zentral sind die Abschiedsreden Jesu, die der Gemeinde gelten. **Absicht:** Das Johannesevangelium unterscheidet sich von den anderen Evangelien. Die Welt teilt sich in Licht (Jesus/seine Anhänger) und Finsternis (Gegner Jesu/die Welt). Jesus lädt ein, an der Welt des Lichts/Gottes teilzuhaben.
Besonderheit: • Keine Kindheitsgeschichte • Keine langen Reden • Messiasgeheimnis: Menschen dürfen nichts von den Wundern erzählen.	**Besonderheit:** Bei Matthäus sind besonders viele Reden zu finden: • Bergpredigt (5-7) • Jüngerrede (10) • Gleichnisse (13) • Gemeinderede (18) • Pharisäerrede (23) • Endzeitrede (24-25) • Missionsbefehl (28)	**Besonderheit:** Mehr als 30 % des Textes sind „Sondergut" (kommt nur hier vor), beispielsweise: • Fischzug des Petrus (5) Maria und Martha (10) Barmh. Samariter (10) Gleichnisse vom Verlorenen (15) Zachäus (19) Emmausjünger (24)	**Besonderheit:** • Jesus reist drei Mal nach Jerusalem (2,13; 5,1; 7,10 – bei den anderen nur ein Mal). • Die Passionsgeschichte nimmt einen großen Raum ein (ab Kap.13). • „Ich bin"-Worte Jesu.

☞ Schlage in einer Bibel den Anfang der Evangelien nach. Dort wird meist der Aufbau des Evangeliums zusammengefasst. Vergleiche den Aufbau der Evangelien – was fällt dir auf? Wie leitet der Evangelist sein Evangelium ein?

☞ Den Evangelien werden Symbole (Löwe, Adler, Engel/Mensch und Stier) zugeordnet. Recherchiere, woher die Symbole kommen und was sie bedeuten.

Die Evangelien im Vergleich
Zur Zwei-Quellen-Theorie

Das Bild aus dem Jahr 1620 zeigt die vier Evangelisten gemeinsam beim Studium von Schriftquellen. Dies hat so nie stattgefunden. Allerdings gibt es Übereinstimmungen in den ersten drei Evangelien (Matthäus, Markus und Lukas) – sowohl im Aufbau als auch im Wortlaut einiger Texte. Daher werden sie „synoptische Evangelien" genannt. Die Begriffe „synoptisch" und „Synopse" werden von dem griechischen *synorao* (= „zusammenschauen") abgeleitet. Eine „Synopse" ist also ein Vergleich, eine Zusammenschau dieser Evangelien.

Die sogenannte **„Zwei-Quellen-Theorie"** soll Unterschiede und Gemeinsamkeiten in den Evangelien erklären. Sie besagt: Markus ist das älteste Evangelium, Lukas und Matthäus haben dieses gekannt und benutzt. Daneben hatten sie noch eine Vorlage, die Markus nicht kannte und die deshalb bei ihm nicht verarbeitet wurde. Diese Schrift nennt man **„Logienquelle"** („Redequelle"), abgekürzt mit dem Buchstaben **„Q"**. Wenn Matthäus und Lukas die gleichen Geschichten und Worte Jesu wiedergeben, Markus diese aber nicht kennt, dann handelt es sich um „Q". Außerdem finden sich in den einzelnen Evangelien auch Geschichten, die kein anderer hat. So erzählt beispielsweise nur Lukas die Geschichte vom „Barmherzigen Samariter", dem „Verlorenen Sohn" und „Zachäus". Nur Matthäus berichtet vom Taufbefehl Jesu am Ende des Evangeliums (Mt 28). Die Texte, die kein anderer Evangelist hat, bezeichnet man als **„Sondergut"**. Schematisch lässt sich die Zwei-Quellen-Theorie so darstellen:

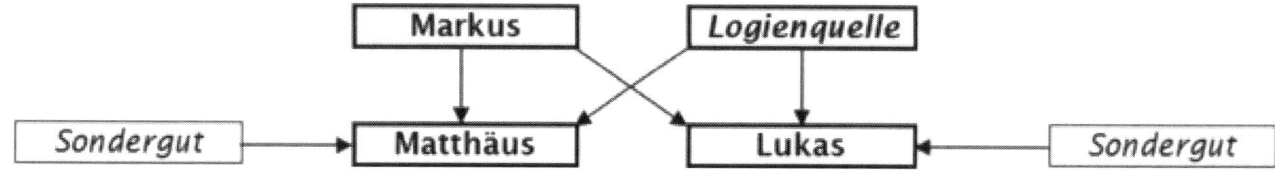

☞ Vergleiche die **„Heilung des Gelähmten"** (Mt 9,1-8; Mk 2,1-12; Lk 5,17-26). Markiere die wörtlichen bzw. nahezu wörtlichen Übereinstimmungen
   a) zwischen allen drei Texten
   b) zwischen Mk und Mt
   c) zwischen Mk und Lk
   d) zwischen Mt und Lk
Versuche zu deuten, warum die Evangelisten etwas wegnehmen oder hinzufügen.

☞ Vergleiche das Auftreten **Johannes des Täufers** (Mt 3,1-12; Mk 1,2-6; Lk 3,1-18). Markiere die Übereinstimmungen und Weglassungen. Versuche, die Beobachtungen zu erklären.

Jesu Taufe in den Evangelien

☞ Die Evangelien berichten je unterschiedlich von Johannes dem Täufer. Markiere Gemeinsamkeiten und Unterschiede.

☞ Welche Rolle spielt jeweils Johannes der Täufer? Überlege, woran das liegen könnte.

Matthäus 3,13-17	Markus 1,9-11	Lukas Lk 3,21-22	Johannes 1,29-34
Zu der Zeit kam Jesus aus Galiläa an den Jordan zu Johannes, dass er sich von ihm taufen ließe. Aber Johannes wehrte ihm und sprach: Ich bedarf dessen, dass ich von dir getauft werde, und du kommst zu mir? Jesus aber antwortete und sprach zu ihm: Lass es jetzt zu! Denn so gebührt es uns, alle Gerechtigkeit zu erfüllen. Da ließ er's ihm zu. Und als Jesus getauft war, stieg er alsbald herauf aus dem Wasser. Und siehe, da tat sich ihm der Himmel auf, und er sah den Geist Gottes wie eine Taube herabfahren und über sich kommen. Und siehe, eine Stimme vom Himmel sprach: **Dies ist mein lieber Sohn, an dem ich Wohlgefallen habe.**	Und es begab sich zu der Zeit, dass Jesus aus Nazareth in Galiläa kam und ließ sich taufen von Johannes im Jordan. Und alsbald, als er aus dem Wasser stieg, sah er, dass sich der Himmel auftat und der Geist wie eine Taube herabkam auf ihn. Und da geschah eine Stimme vom Himmel: **Du bist mein lieber Sohn, an dir habe ich Wohlgefallen.**	Und es begab sich, als alles Volk sich taufen ließ und Jesus auch getauft worden war und betete, da tat sich der Himmel auf, und der Heilige Geist fuhr hernieder auf ihn in leiblicher Gestalt wie eine Taube, und eine Stimme kam aus dem Himmel: **Du bist mein lieber Sohn, an dir habe ich Wohlgefallen.**	Am nächsten Tag sieht Johannes, dass Jesus zu ihm kommt, und spricht: **Siehe, das ist Gottes Lamm, das der Welt Sünde trägt!** Dieser ist's, von dem ich gesagt habe: Nach mir kommt ein Mann, der vor mir gewesen ist, denn er war eher als ich. Und ich kannte ihn nicht. Aber damit er offenbar werde für Israel, darum bin ich gekommen zu taufen mit Wasser. Und Johannes bezeugte und sprach: Ich sah, dass der Geist herabfuhr wie eine Taube vom Himmel und blieb auf ihm. Und ich kannte ihn nicht. Aber der mich gesandt hat zu taufen mit Wasser, der sprach zu mir: Auf welchen du siehst den Geist herabfahren und auf ihm bleiben, der ist's, der mit dem Heiligen Geist tauft. Und ich habe es gesehen und bezeugt: Dieser ist Gottes Sohn.

Text: Luther 2017

Kritik an der Zwei-Quellen-Theorie

Die sogenannte „Zwei-Quellen-Theorie" kann zwar viele Beobachtungen erklären, aber es bleiben Fragen offen. Wenn Markus für Matthäus und Lukas eine Vorlage war, wie kann es dann sein, dass Markus auch Sondergut enthält? Haben Matthäus und Lukas nicht alles übernommen? Oder kannten sie ein anderes Markusevangelium? Wie kommt es, dass Matthäus und Lukas bei manchen Texten den gleichen Wortlaut überliefern, obwohl Markus anders formuliert?

Solche kleinen Übereinstimmungen zwischen Matthäus und Lukas gegen Markus nennt man **„Minor Agreements"**. Wenn Matthäus und Lukas bei Markus „abgeschrieben" haben, dann müssten doch alle drei Evangelien den gleichen Wortlaut haben. „Minor Agreements" dürfte es nicht geben. Wegen solch offener Fragen wollen einige Forscher die Zwei-Quellen-Theorie überarbeiten bzw. ersetzen. Dabei gibt es verschiedene Lösungsansätze, die die genannten Probleme zwar erklären, aber dafür andere Probleme schaffen:

1. **Matthäus** ist das **älteste** der synoptischen Evangelien. Lukas benutzt es bei der Abfassung seines Evangeliums. Beide Evangelien liegen schließlich Markus vor, der aus beiden eine Kurzfassung herstellt.
Es ist allerdings unwahrscheinlich, dass Lukas aus der Bergpredigt des Matthäus eine Feldrede macht und Markus diese schließlich ganz weglässt. Auch die unterschiedlichen Weihnachtsgeschichten von Matthäus und Lukas, die Markus auch weggelassen haben müsste, sind im Rahmen dieser Hypothese nicht zu erklären.

2. **Matthäus** ist das **jüngste** der synoptischen Evangelien. Matthäus liegen Markus und Lukas vor. Diese These kann zeigen, dass Matthäus aus der Feldrede die Bergpredigt gemacht haben kann. Fraglich ist aber, warum er Sondergut des Lukas nicht

übernommen haben soll. Dazu gehören wichtige Texte wie der „Barmherzige Samariter" oder der „Verlorene Sohn".

3. Eine dritte Lösung ist: Matthäus und Lukas haben nicht das Markusevangelium gekannt, das wir heute kennen, sondern eins, das die Geschichten des markinischen Sondergutes nicht enthält (**„Deutero-Markus-Hypothese"**). Ein Problem dabei ist: Wenn Matthäus und Lukas ein solches Evangelium kannten, musste es weit verbreitet gewesen sein. Wenn es aber weit verbreitet war, warum kennen wir es dann nicht? Warum wäre in unserem Kanon dann ein „minderwertiges" Evangelium aufgenommen?

Letztlich kann keine Hypothese alle Fragen des synoptischen Problems beantworten. Die klassische „Zwei-Quellen-Theorie" stellt gegenwärtig immer noch die Hypothese dar, die die meisten Beobachtungen erklären kann.

Bild: Die vier Evangelisten (8. Jahrhundert)

☞ Fasse die Kritikpunkte an der Zwei-Quellen-Theorie und die Alternativen kurz zusammen.

„Verborgene" Evangelien als Quellen über Jesus

Hält die Kirche Quellen über Jesus unter Verschluss? Kommt nun endlich die Wahrheit über Jesus ans Licht? Sensationsjournalisten oder Romanautoren wie Dan Brown („Sakrileg") lassen dies vermuten. Doch alles ist ein Sturm im Wasserglas, denn die meisten urchristlichen Schriften wie die „verborgenen" (= apokryphen) Evangelien, die nicht im Kanon der Bibel aufgenommen wurden, sind lange bekannt und zugänglich. Ihr Quellenwert jedoch ist eher bescheiden. Viele Texte sind nicht vollständig erhalten, und keiner stammt aus dem ersten Jahrhundert – viele sogar erst aus dem dritten oder vierten. Ihr Interesse am „historischen" Jesus ist gering. Die apokryphen Evangelien schmücken sein Leben mit Legenden aus, damit es den Sonderlehren bestimmter Gruppen entgegenkommt. Als der Kanon der Bibel im 4. Jahrhundert geformt wurde, übernahm man nur die vier Evangelien, die unter den Christen am meisten Ansehen genossen.

Grob kann man die Apokryphen einteilen in zwei Gruppen:

Judenchristliche Schriften, beispielsweise das Nazaräer- und Hebräerevangelium, die betonen, dass Jesus ein Mensch war. Alles, was mit seiner Gottheit zusammenhängt, wird bestritten.

Gnostische Schriften wie das Petrusevangelium tun sich schwer damit, dass Jesus am Kreuz gestorben sein soll. Sie betonen: Jesus war Gott. So sagen manche, Jesus sei scheintot gewesen oder ein Doppelgänger sei gekreuzigt worden. Dies beschreibt später auch der Koran.

Oft klären apokryphe Evangelien Fragen, die die biblischen Schriften offen lassen:

Wie war Jesus als Kind?
Im Prot-Evangelium (= Vor-Evangelium) des Jakobus erfahren wir etwas über die Großeltern Jesu: Anna und Joachim, die in hohem Alter Maria bekommen haben sollen. Das Wunderhafte der Geburt Jesu wird also übersteigert. Als Knabe ist Jesus ein Wunderkind, das bereits in frühem Alter erstaunliche Taten vollbringt. So haucht er Spatzen aus Lehm Leben ein.

Waren Jesus und Maria Magdalena ein Liebespaar?
Jesus ging ungezwungen mit Frauen um. Doch das apokryphe Philippus-Evangelium berichtet mehr: „Der Erlöser liebte Maria Magdalena mehr als alle Jünger, und er küsste sie oftmals auf ihren Mund." Daraus entstand die Legende: Jesus und Maria Magdalena hatten Kinder, deren Nachkommen im Frankenreich das Herrschergeschlecht der Merowinger (5. Jahrhundert) gründeten.

Ist Judas ein Held?
Der Jünger, der Jesus verriet, ist der Held des Judas-Evangeliums. Jesus habe Judas zum Verrat überredet, so die These dieser gnostischen Schrift, damit Jesus seine Bestimmung als Messias erfüllen könne.

☞ Wie ist der Wert der apokryphen Schriften als Quelle über Jesus einzuschätzen?
Spielt eine Diskussion zwischen Forschern mit unterschiedlichen Ansichten.

☞ Klärt mit Hilfe eines Lexikons oder des Internets den Begriff „Gnosis" bzw. „gnostisch".

☞ Wer Dan Browns Roman oder Film „Sakrileg" kennt, kann sagen, auf welche Legenden er zurückgreift, nämlich ...

Bild: Judas-Evangelium (P33)

Außerbiblische Belege über Jesus

Es gibt nicht viele Quellen über das Leben Jesu.
Die Archäologie bietet fast nur Zeugnisse, die zeigen, wie die Menschen damals allgemein gelebt haben.
Eine Inschrift zeigt uns, dass es den Statthalter Pontius Pilatus zur Zeit des Kaisers Tiberius gegeben hat (Abbildung). Auch schriftliche Quellen gibt es nur wenige. Von ihnen erfahren wir über Jesus und seine ersten Anhänger – die „Christen".

☞ Fasse zusammen, was die schriftlichen Quellen über Jesus berichten.

Cornelius Tacitus
Römischer Historiker, geb. um 55 in Gallien, später Statthalter der Provinz Kleinasien.
In einem Bericht über die Regierung Neros schreibt er (Annalen XV.44):
„Doch nicht durch menschliche Hilfe, nicht durch des Fürsten Spendungen oder durch Sühnungen der Götter ließ sich der Schimpf bannen, dass man glaubte, es sei die Feuersbrunst geboten worden. Um daher dieses Gerede zu vernichten, gab Nero denen, welche wegen ihrer Schandtaten verhasst das Volk Christianer nannte, die Schuld und belegte sie mit den ausgesuchtesten Strafen. Derjenige, von welchem dieser Name ausgegangen, Christus, war unter des Tiberius Führung vom Procurator Pontius Pilatus hingerichtet worden; und der für den Augenblick unterdrückte verderbliche Aberglaube brach wieder aus, nicht nur in Judäa, dem Vaterland dieses Unwesens, sondern auch in der Hauptstadt, wo von allen Seiten alle nur denkbaren Greuel und Abscheulichkeiten zusammenströmen und Anhang finden."

Plinius Secundus (Plinius der Jüngere)
Der Statthalter von Bithynien in Kleinasien Plinius Secundus/423 (Briefe X.96) schreibt:
„Sie behaupteten aber, ihre ganze Schuld – oder ihr ganzer Irrtum – habe darin bestanden, dass sie sich an einem bestimmten Tage vor Sonnenaufgang zu versammeln pflegten, Christus zu ehren, wie einem Gotte, im Wechselgesang ein Lied anzustimmen, und sich eidlich nicht etwa zu einem Verbrechen verpflichteten, sondern keinen Diebstahl, keinen Raub, keinen Ehebruch zu begehen, kein gegebenes Wort zu brechen, kein anvertrautes Gut, wenn es zurückgefordert wird, abzuleugnen."

Lucian
Satiriker des 2. Jahrhunderts (Lucian Bd. 2/9):
Lucian bezeichnete Jesus Christus als *„den in Palästina gekreuzigten Menschen"*, der *„diese neuen Mysterien in die Welt einführte"*. Weiterhin beschreibt er: *„Ferner beredete sie ihr erster Gesetzgeber, dass sie alle untereinander Brüder wären, wenn sie einmal die hellenischen Götter abgeschworen hätten, jenen ihren gekreuzigten Sophisten anbeteten und nach seinen Gesetzen lebten [...]."*

Sueton

Römischer Geschichtsschreiber (um 120 n.Chr.), Hofbeamter unter Hadrian, Annalist des kaiserlichen Hauses (Sueton, Leben der Cäsaren, Claudius Par.25):

„Da die Juden unter ihrem Anführer Chrestos [=Christus] beständig Unruhe anstifteten, vertrieb er [Claudius] sie aus Rom."

Flavius Josephus

Jüdischer Historiker des ersten Jahrhunderts. Eine der bekanntesten außerchristlichen Erwähnungen Jesu ist das „Testimonium Flavianum". Es steht jedoch unter Verdacht, nachträglich christlich überarbeitet worden zu sein.

„Um diese Zeit lebte Jesus, ein weiser Mensch, wenn man ihn überhaupt einen Menschen nennen darf. Er war nämlich der Vollbringer ganz unglaublicher Taten und der Lehrer aller Menschen, die mit Freuden die Wahrheit aufnahmen. So zog er viele Juden und auch viele Heiden an sich. Er war der Christus. Und obgleich ihn Pilatus auf Betreiben der Vornehmsten unseres Volkes zum Kreuzestod verurteilte, wurden doch seine früheren Anhänger ihm nicht untreu. Denn er erschien ihnen am dritten Tage wieder lebend, wie gottgesagte Propheten dies und tausend andere wunderbare Dinge von ihm vorher verkündigt hatten. Und noch bis auf den heutigen Tag besteht das Volk der Christen, die sich nach ihm nennen, fort" (Jüdische Altertümer XVIII.3.3).

Josephus erwähnt Jesu Bruder, Jakobus, und auch Jesus selbst (Altertümer XX, 9.1):

„Der jüngere Ananus jedoch, dessen Ernennung zum Hohepriester ich soeben erwähnt habe, war von heftiger und verwegener Gemütsart und gehörte zur Sekte der Sadduzäer, die, wie schon früher bemerkt, im Gerichte härter und liebloser sind als alle anderen Juden. Zur Befriedigung dieser seiner Hartherzigkeit glaubte Ananus auch jetzt, da Festus gestorben, Albinus aber noch nicht angekommen war, eine günstige Gelegenheit gefunden zu haben. Er versammelte daher den Hohen Rat zum Gericht und stellte vor dasselbe den Bruder des Jesus, der Christus genannt wird, mit Namen Jakobus, sowie noch einige andere, die er der Gesetzesübertretung anklagte und zur Steinigung führen ließ."

Der Talmud

Im Talmud (um 220 n.Chr.) wird Jesus „Jeschu ben Pandera" genannt („Sohn des Pandera"). Eine Erklärung ist, dass der Name eine Verzerrung des griechischen Wortes „Jungfrau" („parthenos") sei. In jüdischen Kreisen gab es auch die Vorstellung, dass Jesus der uneheliche Sohn einer Jüdin und eines römischen Soldaten namens „Panteri" oder „Pandera" war.

„Am Vorabend des Pesachfestes haben sie Jesus gehängt. Der Herold aber ging vierzig Tage vor ihm her: Dieser geht hinaus, um gesteinigt zu werden, weil er Zauberei getrieben und Israel verlockt und abgesprengt hat. Jeder, der etwas zu seinen Gunsten weiß, komme und plädiere für ihn. Aber sie fanden nichts zu seinen Gunsten und hängten ihn am Vorabend des Pesahfestes."

Ein Kommentar aus dem 3. Jh. hierzu lautet: *„Meinst du denn, er sei einer gewesen, zu dessen Gunsten sich etwas hätte wenden können? Er war doch ein Verlocker, und der Allbarmherzige sprach: Du sollst ihn nicht schonen und ihn nicht bedecken. Aber mit Jesus verhielt es sich anders, weil er der Regierung nahe stand"* (Babylonischer Talmud, Sanhedrin 43a).

Leben zur Zeit Jesu

Wer etwas über Jesus und seine Botschaft erfahren möchte, muss mehr über die Menschen seiner Zeit wissen – wie sie gelebt und woran sie geglaubt haben.

☞ Was kannst du alles auf dem Bild eines Dorfes aus der Zeit Jesu entdecken?

☞ Einige der Geschichten von Jesus beziehen sich auf Berufe und Szenen wie diese.
   Suche den entsprechenden Hinweis in den Bibelstellen.

Mk 6,3   :

Mk 10,13-16 :

Mt 20,1   :

Joh 4,6-7   :

Lk 5,1-2   :

Lk 15,3-7   :

Lk 19,1-2   :

Jesus begegnet Menschen seiner Zeit

Hier kommen Menschen zu Wort, die in der Zeit Jesu gelebt haben könnten.

☞ Fasse die wichtigsten Aussagen über die Gruppen in der Zeit Jesu zusammen:

Pharisäer

Ich bin Simon, ein Pharisäer. Wir Pharisäer widmen uns dem Studium der Tora – der Heiligen Schrift. Gegenüber den Sadduzäern stammen die meisten von uns aus dem einfachen Volk. Unser Name bedeutet „die Abgesonderten", weil wir es mit der Befolgung der biblischen Gebote sehr ernst nehmen und sie auch im Alltag beachten. Wir glauben, dass so der Messias schneller kommt. Wir verkehren nicht gerne mit Leuten, die nicht aus unserem Volk stammen oder die gegen die Gebote Gottes handeln. Das sind für uns „Sünder". Ich habe von einem Mann namens Jesus gehört. Vieles von dem, was er sagt, ist uns Pharisäern nicht fremd. Es gefällt mir, dass er sich für Gott einsetzt. Doch er hat Umgang mit Sündern und Zöllnern. Und so manches, was er sagt und tut, scheint mir die Gebote zu offen auszulegen.

Sadduzäer

Mein Name ist Zaddik und ich stamme aus einer alten Familie von Priestern. Viele von uns sind einflussreich. Zu uns gehören Priester, die im Tempel arbeiten, und viele, die im Land das Sagen haben. So haben wir auch die Mehrheit im Hohen Rat, der höchsten jüdischen Behörde. Wir versuchen, den Willen Gottes zu erfüllen und die Tora zu befolgen. Alles, was nicht in der Tora steht, lehnen wir ab – so beispielsweise die Auferstehung von den Toten, an die die Pharisäer glauben. Wir arbeiten mit den Römern zusammen – wie sollen wir uns auch gegen eine Weltmacht auflehnen? Sie lassen uns in Ruhe unsere Religion ausüben – was will man mehr? Wenn die Pharisäer nichts mit den Römern zu tun haben wollen oder die Zeloten sogar gegen sie kämpfen, stört das den Frieden. Uns geht es gut! Auch Leute wie dieser Jesus, der die Menschen durch seine Worte und Taten verwirrt und der sogar im Tempel Unruhe stiftet, sollten entfernt werden.

Schriftgelehrte

Ich bin Hillel, ein Schriftgelehrter. Viele von uns Schriftgelehrten gehören den Sadduzäern und Pharisäern an. Ich gehe meine eigenen Wege und sehe es als Aufgabe, die Gebote Gottes, wie sie in der Tora aufgeschrieben wurden, zu studieren und auszulegen. Menschen können mich um Rat fragen und nennen mich respektvoll „Rabbi" – also „Lehrer". Manchmal werde ich sogar als Richter in einem Streit gerufen. Auch Jesus verhält sich wie ein Schriftgelehrter, der viele Schüler um sich schart. Ich bin jedoch mit Jesus nicht immer einer Meinung, wie man die Heilige Schrift auslegt. Doch im Judentum gibt es viel Raum für die Diskussion um die Tora. Jesus will die Tora manchmal verschärfen und manchmal aber auch entschärfen. Ich weiß nicht so recht, was ich von ihm halten soll.

Zeloten

Ich bin Ruben, ein Zelot. Der Name bedeutet „Eiferer", da wir uns sehr für unser Volk einsetzen. In vielem sind wir uns mit der Lehre der Pharisäer einig. Doch unser Ziel ist es, der römischen Herrschaft ein Ende zu setzen. Wir zahlen keine Steuern und kämpfen im Untergrund gegen sie. Daher darf eigentlich keiner wissen, dass ich ein Zelot bin. Die Römer nennen uns auch Sikarier, also Dolchträger. Da wir nicht in einer offenen Schlacht gegen die Römer kämpfen können, locken wir sie in einen Hinterhalt. Vielleicht haben sie dann irgendwann genug. Doch ich glaube, dass es auch zu einem großen Krieg kommen kann, bei dem uns Gott gegen unsere Feinde sicher beisteht. Ich habe von Jesus gehört. Einer von uns, Simon der Zelot, ist sogar sein Jünger. Viele meinen, Jesus sei der Messias, der König, der uns aus der Knechtschaft führt. Doch habe ich gehört, dass er von Feindesliebe spricht und dass man vergeben soll. Wie soll ich aber einem Feind vergeben, der viele meiner Freunde getötet und unser Land ausgebeutet hat?

Samaritaner

Ich heiße Ahas Jaakov und bin Samaritaner. Wir Samaritaner leben zwischen Galiläa und Judäa. Juden verachten uns. Vor mehr als 700 Jahren haben die Assyrer das Land Israel erobert und eine fremde Bevölkerung zwangsweise hier angesiedelt. Die Menschen kamen sich näher und vermischten sich. So gelten wir nicht als „richtige" Juden. Wir hatten einmal einen eigenen Tempel auf dem Berg Garizim. Aber dieser Tempel wurde von einem jüdischen König zerstört. So besteht Feindschaft zwischen uns und den Juden. Für uns ist nur die Tora wichtig. Die Propheten und andere Texte der Juden sind für uns keine Heilige Schrift. Von Jesus habe ich gehört, dass er uns nicht als Feind sieht. Er hat sogar eine Beispielgeschichte erzählt, in der wir vorkommen. Sie handelt von einem, der sich einem anderen in der Not annimmt.

Römer

Ich heiße Lucius, bin römischer Soldat in der römischen Provinz Palästina und stehe unter dem Kommando von Pontius Pilatus, dem Statthalter des Kaisers. Wir sind für die Sicherheit zuständig und ziehen die Steuern ein, die nach Rom geschickt werden. Dazu haben wir einheimische Zöllner eingestellt. Im Gegensatz zu anderen Völkern, die gerne unter der Herrschaft Roms leben, sind die Juden anders. Sie glauben nur an einen Gott, der ihnen angeblich die Freiheit geschenkt hat. Das feiern sie jedes Jahr in der Hauptstadt Jerusalem – am Passafest. Mit den Sadduzäern in Jerusalem lässt sich gut zusammenarbeiten. Andere wie die Pharisäer halten uns für unrein und essen nicht mit uns. Dann gibt es die Zeloten – Terroristen, die uns auflauern und viele von uns getötet haben. Wir nennen sie Sikarier – Dolchträger. Viele Leute warten auf einen Messias – einen König, der sie aus ihrem Elend befreit. Manche meinen damit auch die römische Herrschaft. Im Norden, in Galiläa, ist eine neue Gruppe entstanden. Sie schart sich um einen Wanderprediger namens Jesus. Manche glauben, er sei dieser Messias. Bisher scheint er friedlich zu sein. Mal sehen, was noch so kommt.

Jesus begegnet Menschen von „unten"

Wenn viele Menschen zusammen sind, gibt es oft ein „oben" und „unten". Manche sind mehr, andere weniger angesehen. In Israel zur Zeit Jesu standen in der Gesellschaft der Adel, die Priester und hohe Beamte oben. Die Mittelschicht bildeten Männer, die Landbesitzer (Bauern), Fischer, Händler und Handwerker waren. Wenig angesehene Berufe waren Hirten, Gerber und Zöllner. Ganz „unten" standen Tagelöhner, die sich jeden Tag Arbeit suchen mussten, sowie Arme und Bettler, Kranke und Behinderte, aber auch Frauen und Kinder. Die meisten waren arm und konnten kaum lesen und schreiben. In der Religion standen ganz oben die Priester und die Sadduzäer. In der Mitte waren Schriftgelehrte und Pharisäer angesiedelt. „Unten" standen Frauen, Kinder und Menschen, die als „unrein" galten wie etwa Kranke, Aussätzige oder Zöllner. Unten standen auch Menschen, die gegen Gebote verstoßen hatten und „Sünder" genannt wurden.

☞ Gestalte zwei Pyramiden, die die Situation in der Gesellschaft und der Religion in Israel damals darstellen

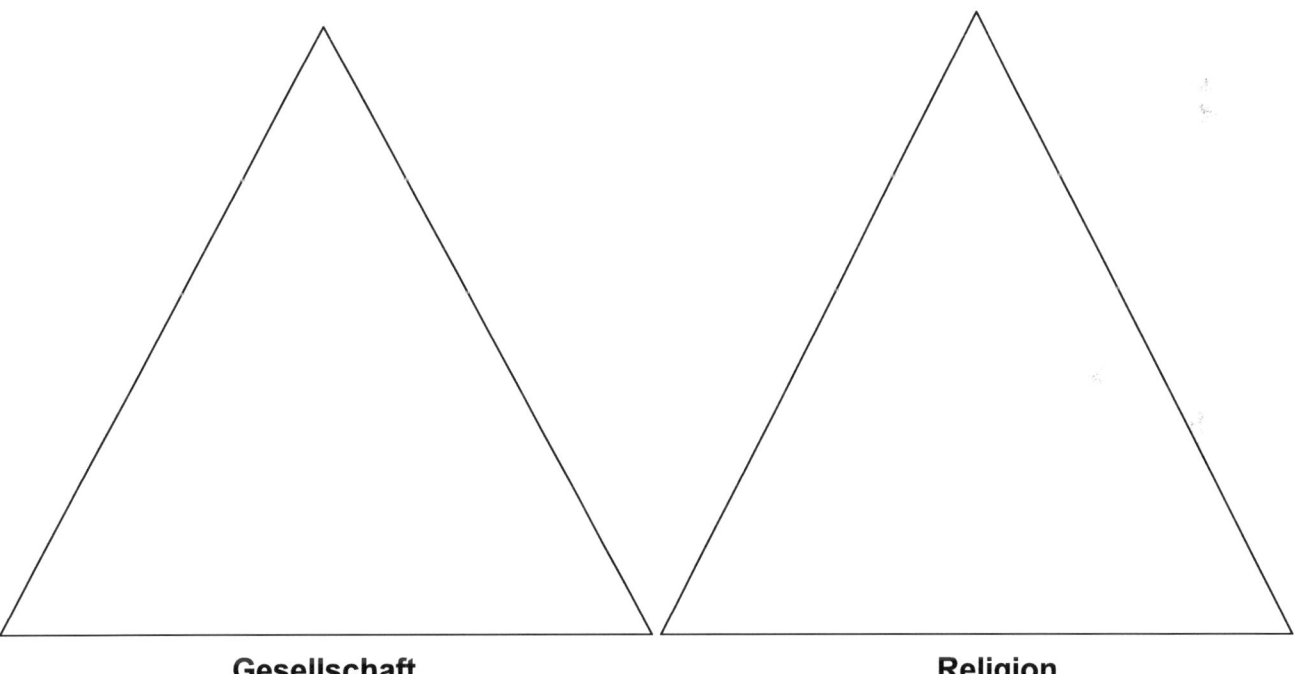

Gesellschaft　　　　　　　　　**Religion**

☞ Damals war eine Rangordnung als Pyramide darstellbar. Wie würdest du bei uns die Gesellschaft und Religion darstellen? Wer gilt heute „mehr", wer gilt „weniger"?

☞ Lies das Loblied Marias (Lk 1,46-52). Welche Hoffnung verbindet sich mit dem Kommen Jesu?

Jesus begegnet Menschen von „unten"

Jesus wandte sich besonders Menschen zu, die in der Gesellschaft und der Religion in Israel „unten" standen:

Arme

Die meisten Anhänger Jesu stammten aus der Schicht der Armen – damals die Mehrheit der Bevölkerung. „Armer" bedeutet im Griechischen „der Duckende". Auch Tagelöhner waren arm, denn sie bekamen als Lohn nur so viel, dass es für einen Tag zum Leben reicht. An manchen Tagen bekamen sie keine Arbeit. Jesus sagt: den Armen steht Gottes neue Welt offen. Er macht ihnen Mut. Nach Jesu Tod lebten die ersten Christen in einer Gütergemeinschaft, um die gröbste Not aufzuheben.

Kranke und Behinderte

Auch kranke und behinderte Menschen waren arm, denn sie konnten sich meist nicht selbst versorgen. Menschen fürchteten sich vor „Aussatz" (ansteckenden Hautkrankheiten) wie Lepra. „Aussätzige" mussten sich von anderen fernhalten und galten als „unrein". Krankheit und Behinderung wurde oft als Strafe Gottes aufgefasst. Wenn eine unerwartete Heilung eintrat, sprachen die Leute von einem Wunder.

Sünder, Zöller und Fremde

Viele Menschen waren wegen ihrer Herkunft, ihrem Beruf oder weil sie etwas getan hatten, ausgeschlossen. „Sünder" waren Menschen, die gegen Gebote verstoßen hatten und zeitweise ausgeschlossen waren – beispielsweise Frauen, die ihren Körper verkauften. Auch Zöllner, die für die Römer arbeiteten, gehörten dazu. An Straßen und Toren nahmen sie für Güter wie Weizen oder Wein, aber auch von Handwerkern auf der Durchreise Zölle. Auch Fremde galten wenig. Die zwischen Galiläa und Judäa lebenden Samaritaner wurden besonders verachtet, obwohl sie jüdische Wurzeln haben.

Frauen und Kinder

Frauen und Kinder galten im alten Israel weniger als Männer. Frauen hatten kein Mitspracherecht und durften nur mit Erlaubnis des Mannes einem Gewerbe nachgehen. Besonders schlecht ging es Frauen, die von ihren Männern verstoßen wurden. Kinder galten als unfertige Erwachsene und waren teilweise rechtlos.

☞ Der Evangelist Lukas betont: Jesus (der Menschensohn) ist gekommen,

.... (Lk 19,10).

☞ Überprüfe anhand folgender Bibelstellen, wer Jesus besonders wichtig war:

Mk 10,13-16	Mt 25,35-36	Lk 4,16-21
Lk 7,36-50	Lk 14,15-24	Lk 15,2
Lk 15,11ff.	Lk 18,9-14	Lk 19,1-10

Jesus und die Frauen

Frauen galten weniger als Männer in damaliger Zeit. Bei Jesus war dies anders. Besonders der Evangelist Lukas hebt dies hervor. So kommt der Verkündigungsengel zu Maria, einer Frau (Lk 1).

☞ Lies Mt 1 und kläre, zu wem hier der Verkündigungsengel kommt.

☞ Als Jesus Jünger (Schüler) um sich schart, gehörten Frauen dazu (Lk 8,2f.; Mk 15,41).

☞ Jesus ging mit Frauen zwanglos um und oft ist er mit ihnen im Gespräch. Immer wieder tritt er als Anwalt von Frauen auf. Frauen kommen auch in seinen Beispielgeschichten und Gleichnissen vor. Lies hierzu Lk 15,8-10; Lk 18,1-8; Mt 13,33; Mt 21,28-32; Mt 25,1-13.

Frauen sind die einzigen Jünger, die bei der Kreuzigung und der Grablegung dabei waren. Sie sind auch die ersten am Grab und sind die wichtigsten Zeuginnen der Auferstehung. Lies hierzu Mk 15,40-16,8.

☞ Überprüfe folgende Bibelstellen, finde jeweils eine Überschrift und kläre, was der Bibeltext über Jesu Verhältnis zu den Frauen sagt.

Mk 7,24-30	Mk 10,2-12	Joh 7,53-8,11
Lk 7,36-50	Joh 4,1-42	Mk 5,21-43
Mk 1,23-31	Mk 14,3-9	Lk 10,38-42

☞ Auf dem Bild oben aus dem 19. Jahrhundert sind zwei Frauen zu sehen. Um welche dieser Bibelgeschichten handelt es sich? Wie drückt das Bild das Verhältnis Jesu zu den beiden Frauen aus?

Jesus – ein Jude

Jesus ist kaum zu verstehen, wenn man ihn nicht als Juden in seiner Zeit wahrnimmt. Schon die Geburt wird vom Evangelisten Matthäus als jüdisches Ereignis gedeutet: Jesus stammt von König David ab (Mt 1,1ff.). Auch der Geburtsort Bethlehem ist wichtig, wenn man die jüdische Tradition kennt (Micha 5,1). In der Geburtsgeschichte des Matthäus (Mt 2) wird eine Parallele zum Schicksal des Mose aufgebaut. Wie es die Tora vorschreibt, ließen ihn seine Eltern bis zum achten Tag beschneiden und brachten ihn nach Ablauf von 40 Tagen zum Tempel (Lk 2,21). Zu diesem Bild des jungen Jesus passt, dass er als Zwölfjähriger mit jüdischen Schriftgelehrten diskutiert haben soll (Lk 2,41ff.).

Als Erwachsener wird Jesus „Rabbi" („jüdischer Lehrmeister") genannt. Als solcher lehrte er in den jüdischen Schul- und Gebetshäusern, „den Synagogen" (Mt 4,23). Er ist dabei „zu den verlorenen Schafen Israels gesandt" (Mt 15,24). Sein Kreis von zwölf Jüngern (Schüler) gilt als Symbol für die Erneuerung des Volkes Israel, dessen Wurzel zwölf Stämme sind – die Nachfahren der zwölf Söhne Jakobs. An hohen Feiertagen pilgerte Jesus nach Jerusalem zum Passafest, wie fromme Juden dies tun. Als Rabbi ist er Ausleger der Gebote – konkret zu sehen in der Bergpredigt (Mt 5-7), beim Schabbatgebot (Mk 2,23-3,6) und beim Barmherzigen Samariter (Lk 10,25-37). Jesu Heilige Schrift war das Alte Testament. Die Tora (Weisung) versuchte er im Lichte seiner Erwartung des Reiches Gottes neu zu bewerten. Seine Konflikte mit Schriftgelehrten und Pharisäern waren im Rahmen des damals Üblichen. Viele Streitgespräche mit den Pharisäern wurden durch die Evangelisten nach seinem Tod verschärft, da es in der Entstehungszeit der

Evangelien zwischen 70 und 90 n.Chr. zum Bruch zwischen den frühen Christen und den jüdischen Synagogen kam.

Jesus betete vermutlich wie alle Juden dreimal täglich das $Sch^e ma$ Israel (= „Höre Israel"), das auf die Verehrung des einen Gottes Israels abhebt. Das Vaterunser hat seine Wurzeln in jüdischen Gebeten, wie der Vergleich mit dem Kaddisch oder dem $Sch^e mone$ Esre (Achtzehn-Bitten-Gebet) zeigt.

Aufsehen erregten seine Heilungen im Namen Gottes, dass er im Auftrag Gottes Sünden vergab, aber auch sein Auftreten im Tempel kurz vor seinem Tode. Er wollte damit seiner Hoffnung auf einen neuen Tempel Ausdruck geben. Die damalige Oberschicht und die Hohepriester sahen Jesus allerdings als Gefahr an – wie alle, die die geltende Ordnung infrage stellten. Als er mit den Worten eines hebräischen Psalms am Kreuz verschied, hinterließ er eine Anhängerschar, von denen die meisten als Judenchristen sich weiter an die jüdischen Vorschriften hielten und den Tempel in Jerusalem als ihr Heiligtum ansahen.

☞ Nenne mindestens fünf Gründe: Jesus war ein Jude, weil …

Religion Jesu

☞ Ordne folgende Bilder den Erklärungen zu:

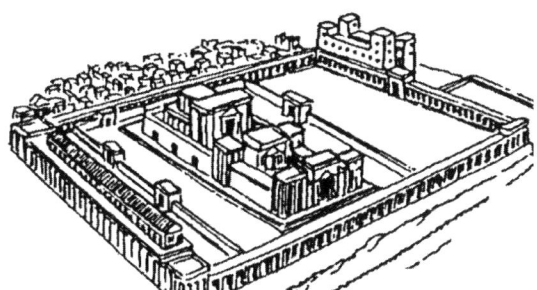  

 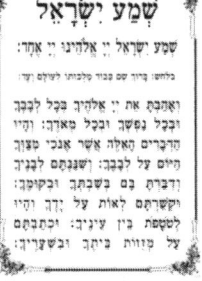 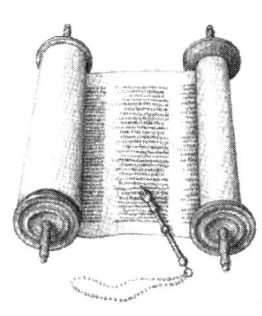

Zum **Gebet** tragen jüdische Männer einen Gebetsmantel und eine Kippa (Käppchen). Bei besonderen Gebeten werden Gebetsriemen (Tefillin) um den Arm und den Kopf gewickelt.	Der **Tempel** in Jerusalem war damals das Zentrum des Judentums. Einmal im Leben sollte man dort opfern. Viele gehen jedes Jahr zum Passafest. Der Tempel wurde 70 nach Christus von den Römern zerstört.	Die **Tora** ist die Heilige Schrift der Juden. Es sind die fünf Bücher Mose. Juden sehen darin Wegweiser für das Leben. Jeder Mann muss ab seinem 13. Lebensjahr daraus vorlesen können.
Die **Menora** ist ein Leuchter mit sieben Armen. Er stand im Tempel und wurde von den Römern geraubt. Heute ist er das Symbol des Staates Israel.	Die **Synagoge** ist ein jüdischer Versammlungsraum, in dem gebetet und unterrichtet wird. Nach der Zerstörung des Tempels (70 n. Chr.) gewann die Synagoge für Juden an Bedeutung.	Das **Sch^ema Israel** ist das wichtigste Gebet der Juden. Es besagt, dass es nur einen Gott gibt. Ein weiteres Gebet ist das „Kaddisch", das man auch zur Beerdigung spricht.

Eines der wichtigsten Gebete im Judentum ist das Kaddisch – ein Segensgebet.

„Geheiligt werde der Name Gottes in der Welt, die er nach seinem Willen geschaffen. Sein Reich möge gar bald, noch zu euren Lebzeiten, kommen.
Es sei für immer und ewig gepriesen sein Name, der erhabener ist als alle Lobpreisungen, die man ihm spenden mag.
Es komme für uns und ganz Israel Frieden und Leben aus Himmelshöhen. Der in seinen Höhen Frieden stiftet, möge auch uns und ganz Israel mit Frieden beglücken."

☞ Vergleiche dieses Gebet mit dem Vaterunser (Mt 6,9-13)

Jesus nachfolgen

Jesus forderte immer wieder Menschen auf, ihm nachzufolgen. Aus den Personen, die er direkt ansprach, entstand der engere Kreis der zwölf Jünger (Mk 3,16-19). Außer Judas waren dies später auch Apostel, die die Botschaft von Jesus in die Welt hinaustrugen (Apg 10,39-42):

Andreas	Bartholomäus
Jakobus der Ältere	Jakobus der Jüngere
Judas Ischariot	Matthäus
Philippus	Simon Kanaanäus
Thomas	Thaddäus
Johannes	Simon „Petrus"

☞ Recherchiere zu den Jüngern, beispielsweise im Register der Bibel oder im Internet (www.heiligenlexikon.de). Wohin führte sie ihr Weg als Apostel?

☞ Weitere Personen wie etwa Kleopas (Lk 24,18), Maria aus Magdala, Salome und Maria, die Mutter des Jakobus, sind mit Namen bekannt. Schließlich wird allgemein auch „viel Volk" genannt (Mt 8,1). Dass auch Schriftgelehrte und Pharisäer ihm folgen, geht aus Streitgesprächen hervor (siehe z.B. Mk 2,23-3,6).

☞ Welchen Auftrag haben die Jünger? Lies hierzu Mk 3,14f. und Mt 28,16-20.

☞ Was es bedeutet, Jesus nachzufolgen, erschließt sich aus folgenden Texten:

Mk 1,16-20	Mt 8,19-22	Mk 8,34f.
Lk 18,18-23	Joh 8,12	Joh 12,26

Petrus und Judas nehmen unter den Jüngern eine besondere Rolle ein.

☞ Lies und fasse zusammen, was in den Evangelien zu finden ist über …

Petrus

Mt 14,22-23	Mt 16,13-23	Mt 26,69-75	Joh 21,1-23	Apg 2,14-41

Judas

Mk 14,18+45	Mt 26,15	Mt 27,3-5	Lk 22,3	Joh 12,6; 13,29

Die ersten Christen

Wie ging es nach Jesu Tod und seiner Auferstehung weiter?

Zunächst versammelten sich seine Jünger in Jerusalem. An Pfingsten bekamen sie durch Gottes Geist den Mut, viele Menschen anzusprechen (Apg 2). Nach Pfingsten entstanden kleine Gemeinden. Die Anhänger Jesu trafen sich in Privathäusern, beteten und feierten das Abendmahl, lasen aus den Heiligen Schriften und erzählten die „Frohe Botschaft" (Evangelium) weiter, dass Jesus der Christus von den Toten auferstanden sei. Die Gemeinde wuchs ständig – besonders unter der armen Bevölkerung. In Antiochia wurden die Nachfolger Jesu zum ersten Mal Christen genannt, weil sie glaubten, dass Jesus der „Messias", der „Christus" ist (Apg 11,26). Von den Juden übernahmen die christlichen Gemeinden die Einrichtung der „Ältesten" (griechisch „Presbyter" = Kirchengemeinderäte), die gemeinsam die Gemeinschaft leiteten.

Den Gemeindeleiter nannte man griechisch „Episkopos" – daraus entstand der Begriff „Bischof". Der „Diakon" sorgte sich um die Finanzen und die materiellen Güter der Gemeinde. Das Wort bedeutet „Dienst an den Tischen", also die Fürsorge für die Bedürftigen der Gemeinde.

Bild: Julius Schnorr von Carolsfeld: Pfingsten (um 1860)

☞ Lies Apg 6,1-7, was konkret zur Einrichtung des Amtes des „Diakons" führte.

Noch verstanden sich viele Anhänger Jesu als Juden, doch als immer mehr Heiden zu Christen wurden, war bald eine Neuorientierung notwendig. Fragen wie: „Müssen sich ehemalige Heiden wie Juden beschneiden lassen und sich an die jüdischen Vorschriften wie beispielsweise die Speisegebote halten?" mussten geklärt werden. Nach Lukas klärten die Apostel diese Frage auf einer Versammlung in Jerusalem.

☞ Lies Apg 15 und Gal 2. Zu welchen Ergebnissen führte das „Apostelkonzil"?

Verfolgung

Die ersten Christen wurden auch angefeindet und verfolgt. Die Apostel Petrus und Johannes wurden vom jüdischen Hohen Rat angeklagt. Stephanus war der erste, der für sein Bekenntnis zu Jesus sterben musste. Er wurde zum „Märtyrer", das heißt „(Blut-)Zeugen". Nach dem Tod Jesu nahm die Verfolgung seiner Anhänger weiter zu. Im Römischen Reich wurden die Christen bis zum Jahr 312 verfolgt – besonders weil sie den römischen Kaiser nicht als Gott verehren wollten. Dass Christen einen Gekreuzigten anbeteten, war auch Anlass zum Spott, wie das älteste uns bekannte Bild über Jesus zeigt: „Alexamenos betet seinen Gott an."

Reich Gottes als zentrale Botschaft

> *Jesus zog durch ganz Galiläa. Er lehrte in den Synagogen und verkündete die Gute Nachricht, dass Gott jetzt seine Herrschaft aufrichten und sein Werk vollenden wird. Er heilte alle Krankheiten und Leiden im Volk.*
>
> Mt 4,23 (Gute Nachricht Bibel)

Herrschaft oder „Reich" Gottes meint: Gott wird eine Welt errichten, in der Frieden und Gerechtigkeit herrschen (= „Schalom"). Die neue Welt Gottes wächst langsam, aber unaufhaltsam. Gottes Herrschaft ist bereits da, aber sie braucht eine Weile, bis sie die ganze Welt durchdrungen hat. Jesu Nachfolger sollen sich dafür einsetzen und auch dafür beten. Folgende Texte zeigen, was Jesus über Gottes neue Welt sagt:

Mk 4,26-29	Mk 4,30-32	Mt 5,3-10
Mt 6,9-13	Mt 11,4-5	Mt 12,28
Mt 13,44-45	Lk 13,20-21	Lk 17,20-21

☞ Vergleiche die Aussagen mit dem, was in Dan 7,13-27 vorhergesagt wurde.

Wichtig in Gottes neuer Welt ist die „Gerechtigkeit Gottes".
Zwei Gleichnisse zeigen, was damit gemeint ist:
- Lk 15,11ff.: Der verlorene Sohn/Der barmherzige Vater
- Mt 20,1-16: Die Arbeiter im Weinberg

☞ Lies die Texte und fasse zusammen: Welche Gerechtigkeit ist gemeint?
Gegen welche andere Vorstellung von Gerechtigkeit stehen diese Gleichnisse?

☞ Die Vorstellung vom Reich Gottes enthält auch, dass sich Menschen heute ändern. Schreibe rund um das Schild: Welche Eigenschaften sollte nach der Bibel jemand mitbringen, der auf das „Reich Gottes" zugeht?

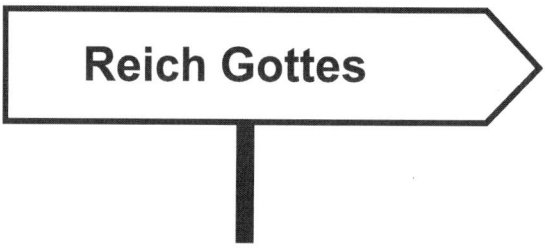

Jesus als Lehrer

Jesus wird von seinen Anhängern meist „Rabbi" genannt – das heißt „mein Lehrer" (Mk 11,21). Jesus nennt seine Begleiter Jünger – das heißt „Schüler". Jesus ist also ein jüdischer Schriftgelehrter, der durch die Lande zieht und Menschen im Gefolge hat, die mehr von ihm lernen wollen. Besonders Matthäus stellt Jesus als Lehrer dar. Daher fasst er Jesu Worte und Reden zusammen:

Mt 5-7: ....

Mt 10: ....

Mt 13: ....

Mt 18: ....

Mt 23-25: ....

Mt 28,16-20: ....

Bild: Paula Jordan (1950)

Bei Matthäus hält Jesus seine erste Rede auf einem Berg – daher „Bergpredigt" genannt. Die Zusammenstellung der Aussprüche Jesu geht wohl auf eine Sammlung von Jesusworten (Logien) zurück (Logienquelle „Q"), die uns jedoch nicht erhalten ist. In der Bergpredigt klärt Jesus, wen Gott besonders einlädt und wie man Jesus nachfolgen kann. Das Lebensprogramm der Bergpredigt zeigt, worum es bereits im Alten Testament geht: um die richtige Beziehung zwischen Gott und Mensch. Damit verbunden ist die richtige Beziehung der Menschen untereinander. Sie sollen so miteinander umgehen, wie es Gottes Willen entspricht – bis hin zu dem Gebot, auch ihre Feinde zu lieben. Von ihm dürfen wir alles erwarten, angefangen bei dem, was wir Tag für Tag zum Leben brauchen. Deshalb lehrt Jesus das „Vaterunser", mit dem man sich jederzeit vertrauensvoll an Gott wenden kann.

Auch Lukas überliefert Reden – besonders die „Feldrede" (Lk 6,20-49). Weitere Worte Jesu, die in der Bergpredigt überliefert sind, finden sich bei Lukas verstreut.

Die Bergpredigt ist aufgebaut wie eine Zwiebel.
Schalen legen sich um das Zentrum: das Vaterunser.

☞ Finde mithilfe der Bibel für jede der „Schalen" beispielhafte Texte.

☞ Überlege, inwieweit das Modell hilfreich ist, um die Bergpredigt zu verstehen.

Botschaft der Bergpredigt

☞ Fasse folgende Abschnitte der Bergpredigt kurz zusammen.

☞ Überlege zu jedem Abschnitt, gegen welche Lebenseinstellung sie sich wendet und wofür sie einsteht.

Mt 5,4-6: Selig sind …	Mt 5,13-16: Salz und Licht
Mt 5,17-19: Gottes Gebote gelten	Mt 5,21-22: Nicht nur die Tat zählt
Mt 5,27-28: Ehebrechen	Mt 5,33-35: Schwören
Mt 5,38-42: Vergelten	Mt 5,43-44: Feindesliebe
Mt 6,1: Wertloser Gottesdienst	Mt 6,2-4: Wie beten
Mt 6,19: Reichtum	Mt 6,24: Was kommt zuerst
Mt 6,26: Sorgen	Mt 7,1: Richten
Mt 7,7: Bitten	Mt 7,12: Goldene Regel
Mt 7,15.18.20: Falsche Propheten	Mt 7,24: Festes Fundament

☞ Vergleiche die Botschaft der „Bergpredigt" mit der der „Feldrede" in Lk 6,20-49. Wo gibt es Gemeinsamkeiten, wo Unterschiede?

Bergpredigt (Mt 5-7)	Feldrede (Lk 6,20-49)

Jesus und die Vergebung

Wenn mich jemand schlägt …
Wenn in einer Gruppe jemand geärgert wird …
Wenn jemand mir etwas wegnimmt …
Wenn ich von einem beleidigt werde …
Wenn ich eine Prügelei sehe …

☞ Überlege, wie du selbst reagierst. Du kannst auch eine Befragung hierzu machen und das Ergebnis zusammentragen.

☞ Lies Mt 5,38-48 und fasse den Text in eigenen Worten zusammen.

„Ihr wisst, dass es heißt: ‚Auge um Auge, Zahn um Zahn.‘ Ich aber sage euch: Verzichtet auf Gegenwehr, wenn euch jemand Böses tut! Mehr noch: Wenn dich jemand auf die rechte Backe schlägt, dann halte auch die linke hin.
Wenn jemand mit dir um dein Hemd prozessieren will, dann gib ihm den Mantel dazu. Und wenn jemand dich zwingt, eine Meile mit ihm zu gehen, dann geh mit ihm zwei. Wenn jemand dich um etwas bittet, gib es ihm; wenn jemand etwas von dir borgen möchte, sag nicht Nein."
„Ihr wisst, dass es heißt: ‚Liebe deinen Mitmenschen; hasse deinen Feind.‘ Ich aber sage euch: Liebt eure Feinde und betet für alle, die euch verfolgen. So erweist ihr euch als Kinder eures Vaters im Himmel. Denn er lässt seine Sonne scheinen auf böse Menschen wie auf gute, und er lässt es regnen auf alle, ob sie ihn ehren oder verachten. Wie könnt ihr von Gott eine Belohnung erwarten, wenn ihr nur die liebt, die euch ebenfalls lie-ben? Das tun auch die Betrüger! Was ist denn schon Besonderes daran, wenn ihr nur zu euresgleichen freundlich seid? Das tun auch die, die Gott nicht kennen! Nein, wie die Liebe eures Vaters im Himmel, so soll auch eure Liebe sein: vollkommen und ungeteilt."

Text: Gute Nachricht Bibel; Bild: Otto Pankok (1950)

☞ Markiere mit unterschiedlichen Farben: Welcher der Aussagen kannst du zustimmen, welche ist dir fremd?

☞ Vergleiche den Text mit dem Bild von Otto Pankok.
Inwiefern kann es als Interpretation dieses Textes gelten?

Feindesliebe verstehen

☞ Wie kann man das Gebot zur „Feindesliebe" verstehen? Lies hierzu die drei Texte und vergleiche, was die Autoren sagen.

„Praktische Feindesliebe beginnt damit, dass wir unseren Feind verstehen lernen. Er wird voraussichtlich auch dann unser Feind bleiben, er wird fortfahren, uns zu fürchten und deshalb zu hassen. Aber wenigstens werden wir dann beginnen, nicht mehr alle die Bewegungen zu machen, die ihm ständig den Eindruck vermitteln, er fürchte und hasse uns zu Recht. Erst dann werden wir in der Lage sein, ihm verständlich zu machen, inwiefern er selbst sich bisher so verhalten hat, dass wir ihn fürchten mussten, und ihn darum zu hassen verführt waren … Christen sollten zur intelligenten Feindesliebe fähig sein, zum Verständnis der Motive des Gegners, und damit zur Vorbereitung der Kompromissbereitschaft. Sie können in den Völkern Angst und Hass abzubauen und Verständnis aufzubauen helfen."

Carl Friedrich von Weizsäcker

„Hier wird weder Sympathie für Feinde noch Sentimentalismus gefordert und schon gar nicht eine Selbstverleugnung, denn weder Gefühle noch das Martyrium können befohlen werden, wohl aber das Tun … Gefordert werden nicht eine Herzensregung noch Empfindungen, was unmöglich ist, sondern praktische Liebeserweise wie Krankenbesuche, das heimliche Geben von Almosen, das Trösten der Trauernden, Brot für die Hungernden, mit einem Wort: all die tausend wirksamen Liebeserweise, die in Taten münden, Feindseligkeit abbauen und die Liebe fördern. Jesus fordert auf zum versöhnlichen Umgang mit dem Gegner, der einzig und allein seine Entfeindung bezweckt."

Pinchas Lapide

„Kein anderes Gebot Jesu ist wohl so schwer zu befolgen, wie der Befehl: ‚Liebet eure Feinde!' Manche Menschen halten es für unausführbar … Trotz immer wiederkehrender Fragen und Einwände gilt dieser Befehl Christi heute aber mit besonderer Dringlichkeit. Immer neue Umwälzungen zeigen, dass der Mensch sich auf der Straße des Hasses befindet. Er ist auf einer Reise begriffen, die zu Untergang und Verdammnis führt. Der Befehl, unsere Feinde zu lieben, ist nicht die fromme Bitte eines schwärmerischen Träumers, er ist eine unbedingte Notwendigkeit für unser Überleben. Die Liebe auch zu unseren Feinden ist der Schlüssel, mit dem sich die Probleme der Welt lösen lassen. Jesus ist kein weltfremder Idealist, sondern ein praktischer Realist."

Martin Luther King

Ansätze zur Auslegung der Bergpredigt

Die Frage nach der Realisierbarkeit und damit nach der Verbindlichkeit der Bergpredigt hat in der Vergangenheit zu unterschiedlichen Ansichten geführt.

Zwei-Stufen-Ethik
Die radikalen Forderungen der Bergpredigt sind nur „Ratschläge" für vollkommene Christen, die sich aus der Welt zurückgezogen haben, etwa Mönche oder Asketen. Nur sie sind in der Lage, diese hohen Erwartungen zu erfüllen. Für normale Christen, die Familie haben und im Beruf stehen, gelten allein die Zehn Gebote.
Traditionelle Lehre der katholische Kirche

Zwei-Reiche-Lehre
Als „Privatperson" soll sich der Christ durchaus bemühen, die Forderungen der Bergpredigt zu erfüllen. Als ‚Amtsperson' jedoch, beispielsweise im öffentlichen Bereich, kann er diesen Geboten nicht folgen. Sonst würden Anarchie und Chaos ausbrechen. Zumal wenn er für andere Verantwortung trägt, kann der Christ nicht einfach auf Gewalt verzichten.
Martin Luther (Theologe und Reformator)

Spiegel der Sünde
Die Gebote der Bergpredigt sind von vornherein als unerfüllbar gedacht. Sie wollen gar keine Anweisung zum Leben geben, sondern deutlich machen, dass der Mensch den Willen Gottes aus eigener Kraft nicht erfüllen kann. Erst wenn der Mensch dies eingesehen hat, wird er bereit sein, sich der vergebenden Gnade Gottes anzuvertrauen.
Martin Luther (Theologe und Reformator)

Gesinnungsethik
Bei der Bergpredigt geht es nicht um das konkrete Tun, sondern um die dahinter stehende Gesinnung. Jesus ging es nicht um einen Buchstabengehorsam, sondern er wollte ein neues Bewusstsein begründen.
Liberale Theologie im 19. Jhd.

Interimsethik
Die Radikalität der Bergpredigt lässt sich nur durchhalten, wenn man wie Jesus und seine Jünger davon überzeugt ist, dass das Reich Gottes unmittelbar bevorsteht. Nur für diese kurze Zwischenzeit (Interim) bis zur vollkommenen Verwirklichung des Reiches Gottes waren Jesu Weisungen gedacht.
Albert Schweitzer (protestantischer Theologe und Arzt)

Politische Theologie
Die Bergpredigt ist durchaus erfüllbar. Nirgends ist die sozialrevolutionäre Botschaft Jesu besser zusammengefasst als hier. Würden alle Menschen damit ernst machen und nach diesen Geboten leben, hätten wir eine bessere, friedlichere und gerechtere Welt.
Leo Tolstoi (russ. Dichter), Martin Luther King (amerikanischer Bürgerrechtler)

☞ Diskutiert Vor- und Nachteile der verschiedenen Ansätze oben.

☞ Welche Forderungen der Bergpredigt findet ihr besonders radikal?
Sucht mithilfe der Bibel (Mt 5-7) Beispiele heraus und überlegt, ob und unter welchen Bedingungen diese Gebote Jesu realisierbar wären.

Was will die Bergpredigt erreichen?

☞ Zu den Aussagen der Bergpredigt gibt es unterschiedliche Meinungen wie diese:

Ich denke, Jesus will hier deutlich machen: Nur wer sich ganz viel vornimmt, kann auch das Gute erreichen …

Ich glaube, dass Jesus das meint, was er sagt. Ich kann mir aber nicht vorstellen, dass man das alles wirklich umsetzen kann.

Jesus will die Gesinnung der Menschen ändern. Das geht nur mit solchen radikalen Forderungen. Es kommt halt darauf an, dass man seine Einstellung verändert.

Ich denke, Jesus will, dass seine Anhänger kompromisslos radikal seinem Weg folgen. Die Forderung ist also nur für besondere Leute gedacht.

Ich denke, die Forderungen sind von vornherein als unerfüllbar gedacht. Sie sollen dem Menschen seine Grenzen zeigen. Erst wenn ihm dies klar wird, erkennt er, dass er auf Gottes Gnade, Barmherzigkeit und Vergebung angewiesen ist.

☞ Welche der Aussagen über die Bergpredigt leuchten dir ein, welche weniger?

☞ Schreibe deine eigenen Gedanken zur Bergpredigt in die Sprechblase.

☞ Was müsste sich in der Welt ändern, wenn die Bergpredigt heute unser Handeln leiten würde?

Bergpredigt in der Politik?

Manche Aussagen der Bergpredigt erregten starken Widerspruch, besonders die Worte *„Wenn dich einer auf die rechte Backe schlägt, halte auch die andere hin"* und *„Liebe deine Feinde"*:

Der ehemalige Reichskanzler des Deutschen Reiches, Otto von Bismarck (19. Jh.), sagte: *„Mit der Bergpredigt kann man keine Politik machen."* Von Helmut Schmidt, Bundeskanzler bis 1983, sind zwei Aussagen zur Bergpredigt überliefert: *„Mit der Bergpredigt kann man nicht regieren."* *„Die Idee, die Bergpredigt unmittelbar auf die Außenpolitik unseres Staates zu übertragen, kann man leicht bewerten, indem man sie auf den extremen Fall anwendet:* *Was hätte es dem Frieden genützt, wenn ein ausländischer Staat Hitler oder Stalin auch noch die andere Backe hingehalten hätte?* *Das sind in ihrer Naivität absurde Vorstellungen, die völlig abstrahieren von der konkreten geschichtlichen Erfahrung."*	Richard von Weizsäcker, der ehemalige Bundespräsident, betont: *„Die großen Konflikte der Zeit wären lösbar, wenn wir Menschen die Kraft fänden, persönlich und politisch gemäß der Bergpredigt zu handeln."* Der Theologe Gerd Theißen erläutert: *„Die Bergpredigt kann indirekt eine Richtschnur für alle werden: Sie verpflichtet nämlich alle, eine Gesellschaft so einzurichten, dass wenigstens einige die Chance haben, eine solche radikale Ethik zu verwirklichen. Sie hat insofern auch eine politische Bedeutung. Der Verteidigungsminister wird zwar kaum nach der Devise handeln: ‚Wehret nicht dem Bösen!', der Finanzminister nicht nach dem Motto: ‚Sorget nicht ...!', die Justizministerin nicht nach der Maxime: ‚Richtet nicht, damit ihr nicht gerichtet werdet!'. Aber sie alle können sich für eine Gesellschaft einsetzen und daran arbeiten, dass auch der Kriegsdienstverweigerer, auch der Vertreter einer konsumverweigernden Askese, auch der ‚Sanftmütige', der auf sein Recht verzichtet, einen Lebensraum haben."*

☞ Fasse die Positionen der beiden Lager zusammen.

☞ Zu welchen der beiden neigst du? Begründe deine Meinung.

☞ Mahatma Gandhi kämpfte einst politisch für die Freiheit des Landes Indien von der Vorherrschaft der Engländer. Sein Weg war die Gewaltlosigkeit. Für ihn war die Bergpredigt ein wichtiger Text gegen das Prinzip der Vergeltung. Er sagte:
„Auge um Auge
lässt die Welt erblinden."

☞ Welche Konsequenz spricht dieser Satz an?

Bild: Mahatma Gandhi

Jesus und das gute Handeln

Was macht gutes Handeln aus? Jesus beantwortet die Frage unterschiedlich:

Liebe den Herrn, deinen Gott, von ganzem Herzen, mit ganzem Willen und mit aller deiner Kraft und deinem ganzen Verstand! Und: Liebe deinen Mitmenschen wie dich selbst!	Behandelt die Menschen so, wie ihr selbst von ihnen behandelt werden wollt – das ist es, was das Gesetz und die Propheten fordern.	Ich bin euer Herr und Lehrer, und doch habe ich euch soeben die Füße gewaschen. So sollt auch ihr euch gegenseitig die Füße waschen. Ich habe euch ein Beispiel gegeben, damit auch ihr so handelt, wie ich an euch gehandelt habe.
Lk 10,27	Mt 7,12	Joh 13,14-15

Text: Gute Nachricht Bibel

☞ Schlage die Texte in der Bibel nach und finde heraus, in welchem Zusammenhang sie gesagt wurden. Schreibe dies neben die Bilder.

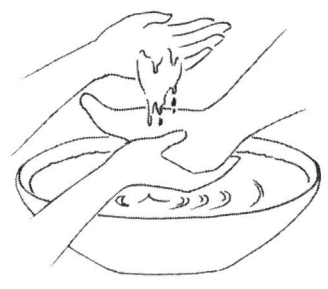

☞ Schreibe jeweils eine Erzählung oder gestalte eine Bildergeschichte/einen Comic. Es soll dabei deutlich werden, wie die Regeln Jesu für das gute Tun heute noch anwendbar sind.

Der werfe den ersten Stein …

In der Bergpredigt sagt Jesus (Mt 7,1-5):

> „Verurteilt nicht andere, damit Gott nicht euch verurteilt! Denn euer Urteil wird auf euch zurückfallen, und ihr werdet mit demselben Maß gemessen werden, das ihr bei anderen anlegt. Warum kümmerst du dich um den Splitter im Auge deines Bruders oder deiner Schwester und bemerkst nicht den Balken in deinem eigenen? Wie kannst du zu deinem Bruder oder deiner Schwester sagen: 'Komm her, ich will dir den Splitter aus dem Auge ziehen', wenn du selbst einen ganzen Balken im Auge hast? Scheinheilig bist du! Zieh doch erst den Balken aus deinem eigenen Auge, dann kannst du dich um den Splitter in einem anderen Auge kümmern!"

Text: Gute Nachricht Bibel

☞ An einer Jesus-Geschichte (Joh 8,1-11) wird deutlich, was hier gemeint ist:

Jesus war in Jerusalem. Frühmorgens ging er in den Tempel und lehrte die Menschen. Da kamen einige Schriftgelehrte und Pharisäer. Sie brachten eine Frau, die gerade beim Ehebruch ertappt worden war. Aufgebracht stellten sie die Frau in die Mitte. Die Männer fragten Jesus: „Rabbi, diese Frau ist gerade auf frischer Tat beim Ehebruch ergriffen worden. Im Gesetz schreibt Mose vor, solche Frauen zu steinigen. Was meinst du dazu?" Damit wollten sie ihm eine Falle stellen. Aber Jesus blieb ruhig und malte mit seinen Fingern auf die Erde. Ungeduldig fragten sie wieder: „Was meinst du dazu?"

Da richtete Jesus sich auf, sah in die Menge und sagte:
„Wer unter euch ohne Sünde ist, der werfe den ersten Stein auf sie."
Dann setzte er sich wieder und schrieb weiter in den Sand. Einer nach dem anderen ging betreten fort.
Jesus blieb mit der Frau allein zurück.
Er stand auf, schaute die Frau an und fragte sie:

„Wo sind die Männer, die dich angeklagt haben? Verurteilt dich keiner mehr?" Die Frau antwortete: „Niemand, Herr!" Da sagte Jesus: „Ich klage dich auch nicht an. Geh und sündige von nun an nicht mehr."

Text: Die Bibel elementar (Calwer)
Bild: Julius Schnorr von Carolsfeld (1860).

☞ Was denkst du: Warum waren plötzlich alle verschwunden?

☞ In früherer Zeit konnten Frauen, die „fremd" gegangen waren, umgebracht werden. Erkundige dich, wo heute noch für Frauen eine solche Situation lebensbedrohlich sein kann.

☞ Schreibe eine aktuelle Geschichte zur Regel: „Verurteile andere nicht!"

Gleichnisse Jesu

Jesus erzählte den Menschen von Gottes neuer Welt („Reich Gottes") mithilfe von Gleichnissen. Ein Gleichnis ist eine anschauliche Geschichte, die einen Vergleich oder ein Bild aus dem Alltag zu einer Erzählung ausweitet. Dabei unterscheidet man unterschiedliche Formen:

- Ein **Bildwort** bietet einen einfachen Vergleich zwischen einem Gegenstand und einem Sachverhalt.
- Eine **Beispielerzählung** verdeutlicht an einem Einzelfall, wie man handeln soll.
- Ein **Gleichnis** verwendet Vergleiche aus dem Leben und dem Alltag der Menschen damals z.B. das Gleichnis vom Senfkorn (Mk 4,30-32).
- Eine **Parabel** ist eine erfundene Geschichte mit einem Vergleichspunkt, der offen auch zum Widerspruch reizt.
- Eine **Allegorie** bietet im Anschluss an ein Gleichnis eine Erläuterung.

Alltägliche Vorgänge sind beispielsweise Saat und Ernte, Viehzucht oder der häusliche Bereich. Jesus führt so seine Zuhörer in die lebensnahe Bilderwelt, um sie zum Nachdenken zu bringen und ihren Blick zu öffnen. In den Gleichnissen geht es meist um folgende Fragen:

- Wie sieht die zukünftige Welt, das „Reich Gottes", aus?
- Wie verhält man sich angesichts des kommenden Gottesreichs?

Kernaussagen der Gleichnisse sind: Das Reich Gottes beginnt mitten unter den Menschen. Gott will die Welt zum Guten ändern, besonders für die, die ausgegrenzt sind. Daher werden in Gottes neuer Welt Not und Leid, Schuld und Tod überwunden sein. Friede, Freiheit und Gerechtigkeit werden darin herrschen. Obwohl die Wirklichkeit des Reiches Gottes eigentlich unvergleichbar ist, macht Jesus sie durch die Gleichnisse anschaulich. Weil die Bilder so lebensnah sind, regen sie zum Umdenken und zum Handeln an. Für Jesus ist dieses Reich Gottes bereits angebrochene Wirklichkeit. Menschen können es nicht selbst schaffen – dies ist allein Gottes Sache. Doch in Jesus hat diese Zukunft bereits begonnen. In der Nachfolge, im Glauben und Handeln kann jeder die Liebe und Nähe Gottes spüren.

☞ Fasse zusammen, warum Jesus in Gleichnissen erzählt und woher er seine Vergleiche nimmt.

☞ Welche Gleichnisse fallen dir ein?

☞ Eines der bekanntesten Gleichnisse wird auf dem Bild rechts des Malers Rembrandt dargestellt, nämlich …

....

Wenn du es nicht kennst, lies Lk 15,11-32. Überlege dir dabei auch, welche Überschrift man dem Gleichnis auch noch geben könnte.

Bild: Rembrandt van Rijn

Gleichnisse Jesu

Von Jesus gibt es viele Gleichnisse, die sich in Form und Inhalt unterscheiden. Welche Form liegt jeweils vor und was ist der Kern, die Botschaft des Gleichnisses?

	Welche Form liegt vor?	Die Botschaft ist...
Vom Salz und vom Licht (Mt 5,13-16)		
Von den Arbeitern im Weinberg (Mt 20,1-15)		
Von den zehn Jungfrauen (Mt 25,1-13)		
Vom barmherzigen Samariter (Lk 10,25-37)		
Vom Senfkorn (Mk 4,30-32)		
Vom Unkraut unter dem Weizen (Mt 13,24-30; 36-43)		
Vom Schatz und von der Perle (Mt 13,44-46)		
Vom verlorenen Schaf (Lk 15,4-7)		
Vom verlorenen Geldstück (Lk 15,8-10)		
Vom verlorenen Sohn (Lk 15,11-32)		
Vom Sämann (Mt 13,1-9.18-23)		
Vom königlichen Hochzeitsmahl (Mt 22,1-14)		
Vom anvertrauten Geld (Mt 25,14-30)		
Vom unbarmherzigen Gläubiger (Mt 18,23-35)		

Jesus redet von Gott

Durch seine Reden wird deutlich, welches Gottesbild Jesus hat.

☞ Folgende Aussagen kann man von Jesus über Gott finden:

Gottes Botschaft wird unterschiedlich aufgenommen.	Gott hält eine neue Welt für uns bereit.	Gott will, dass auch Kinder ernst genommen werden.
Wer Gott finden will, soll alles für ihn geben.	Gott lässt uns im Gebet zu ihm sprechen.	Gott möchte, dass es kein Unrecht gibt.
Gottes Gerechtigkeit ist anders – er ist großzügig. Gottes Gerechtigkeit ist anders – er ist nicht nachtragend.		Seid wachsam und verpasst nicht, wenn Gott kommt. Gottes Reich kommt langsam, aber es kommt und wird riesig.
Gott lädt zu seinem Reich ein – geht nicht sorglos damit um.	Gott möchte, dass wir mit unseren Gaben wuchern.	Gott möchte, dass wir vergeben, wie auch er uns vergibt.
Bei Gott ist jeder Mensch ein Nächster – auch ein Fremder.	Gott freut sich über jeden, der zu ihm zurückfindet.	Gott kümmert sich um alle, die verloren sind.

☞ Fasse in wenigen Worten zusammen, was Jesus über Gott sagt.

☞ Vergleiche dies mit dem Bild, das du von Gott hast.
   Wo gibt es Gemeinsamkeiten, wo unterscheidet sich das Bild vielleicht?

Gleichnisse kreativ

☞ Lies Lk 15,11-32 und fasse zusammen, was die Charaktere denken und fühlen. Überlege dabei, ob dir schon einmal etwas Ähnliches widerfahren ist.

Ein Rollenspiel gestalten:
Ihr könnt ein Rollenspiel zum Gleichnis gestalten. Nachdem ihr den Text gelesen habt, verteilt Rollen. Schreibt eine eigene Rahmenerzählung und Dialoge, die das Gleichnis für euch verständlich machen. Folgende „Rollen" könnt ihr übernehmen:

Vater	Sohn	Bruder
Gastwirt	Gasthausbesucher/in	Schweinebesitzer
Diener/in		Erzähler/in

Einen Soundtrack gestalten:
Welche Sounds, Geräusche, Lieder … passen zu den Szenen?
Notiert die Ergebnisse in die rechte Spalte.

Der gütige Vater (Lk 15,11ff.)	Umsetzung
Ein Mann hatte zwei Söhne.	
Der jüngere Sohn fordert sein Erbteil.	
Der Sohn zieht in die Ferne.	
Er verprasst das Geld.	
Der Sohn ist arm.	
Der Sohn muss Schweine hüten.	
Der Sohn geht nach Hause zurück.	
Der Vater rennt auf den Sohn zu.	
Der Vater umarmt den Sohn.	
Ein Fest wird gefeiert.	
Der ältere Sohn kommt heim.	
Der ältere Sohn ärgert sich.	
Der Vater spricht mit ihm.	

Gleichnis Jesu in der Volxbibel

Die VOLX-Bibel überträgt Bibeltexte in die Sprach- und Gedankenwelt von heute. Hier die Version von Lk 15,11-32:

Jesus erzählte mal wieder eine Geschichte: „Es gab mal einen Mann, der hatte zwei Söhne. Irgendwann sagte der jüngere Sohn zum Vater: ‚Papa mir dauert es zu lange bis du stirbst und ich meinen Teil von deinem Geld erben werde. Ich möchte das jetzt schon ausbezahlt bekommen. Geht das?' Der Vater ließ sich drauf ein und zahlte ihm die Kohle aus.

Ein paar Tage später packte der Sohn seine Sachen zusammen und ging auf Weltreise. Er lebte in Hotels und in Spielcasinos, verzockte sein ganzes Vermögen in irgendwelchen Bars und Clubs, bis er pleite war. Plötzlich gab es in der Zeit eine große Wirtschaftskrise im Land. Die Lebensmittelpreise stiegen immer höher und viele Menschen hatten nichts zu essen. Auch der Sohn bekam Hunger. Immerhin kriegte er einen Job als Toilettenmann am Hauptbahnhof. Das war ein echt schlecht bezahlter, dreckiger und total unbeliebter Job. Der junge Mann war so hungrig, dass er am liebsten die Essensreste, die Toilettenbesucher in den Müll warfen, gegessen hätte, aber noch nicht mal das durfte er. Schließlich überlegte er hin und her: ‚Zu Hause bei meinem Vater bekommt jeder Arbeiter in seiner Firma ein Mittagessen und ich sterbe hier fast vor Hunger! Die beste Idee ist es wahrscheinlich, wieder nach Hause zu gehen. Dann sag ich zu ihm: Papa, ich habe großen Mist gebaut, ich hab mich von dir und auch von Gott entfernt! Ich hab es auch echt nicht mehr verdient, zu deiner Familie dazuzugehören. Aber kannst du mir vielleicht irgendeinen Job in deiner Firma geben?'

Also ging er wieder zurück zu seinem Vater. Als der Sohn gerade durch das Eingangstor vom Grundstück kam, sah der Vater ihn schon aus der Ferne. Mit Tränen in den Augen lief er ihm sofort entgegen, umarmte und küsste ihn. Der Sohn sagte sofort: ‚Papa, ich hab großen Mist gebaut! Ich hab mich falsch verhalten dir und Gott gegenüber! Ich hab es echt nicht mehr verdient, dein Sohn genannt zu werden.' Sein Vater hörte ihm aber gar nicht richtig zu. Er rief schnell ein paar Angestellte und beauftragte die: ‚Bringt sofort den besten Designer-Anzug her, den ich im Schrank hängen habe. Holt ein paar gute Schuhe und holt den Familienring.

Fahrt das beste Essen auf, die Sachen, die wir extra für einen besonderen Anlass im Lager haben! Deckt den Tisch und lasst uns eine große Party starten. Es gibt nämlich einen Grund zum Feiern: Mein Sohn war schon so gut wie tot, aber jetzt ist er wieder hier und lebt! Ich hatte voll die Sehnsucht und habe jeden Tag auf ihn gewartet und jetzt ist er endlich wieder da!'

In der Zeit war der ältere Sohn noch bei der Arbeit. Als er nach Hause kam, hörte er schon von Weitem, dass da 'ne Party am Start war. Er fragte einen der Hausangestellten, was da los sei. ‚Ihr Bruder ist wieder da! Ihr Vater hat eine fette Party organisiert und hat das ganz besonders große kalte Büfett kommen lassen, das für die besonderen Anlässe.' Aber der ältere Bruder war total angefressen und sauer. Er hatte überhaupt keinen Bock mitzufeiern und blieb draußen vor der Tür. Schließlich kam der Vater raus und fragte ihn: ‚Warum kommst du nicht rein, mein Junge?' ‚Mann, Vater! Wie viele Jahre arbeite ich jetzt schon für dich? Ich hab geschuftet wie ein Blödmann, so als würde ich dafür ein fettes Gehalt bekommen. In der ganzen Zeit hab ich nicht einmal etwas getan, was du nicht wolltest. Aber von dir kamen nicht einmal auch nur ein paar Würstchen rüber, damit ich mit meinen Freunden mal einen schönen Grillabend hätte machen können. Jetzt kommt dein anderer Sohn, der dein ganzes Geld mit irgendwelchen Schlampen zum Fenster rausgeschmissen hat, und du fährst hier die Sachen auf, die eigentlich nur für ganz besondere Feste gekauft wurden?'

Sein Vater sah ihn an und meinte nur: ‚Mein Lieber, du bist die ganze Zeit bei mir gewesen, wir beide sind uns sehr nahe! Alles, was mir gehört, gehört auch dir!' Aber lass uns heute eine große Party feiern! Dein Bruder war für uns schon gestorben, doch jetzt lebt er wieder! Wir hatten ihn schon aufgegeben, aber er hat den Weg nach Hause zurückgefunden!'"

☞ Markiere, welche der Übertragungen du für gelungen hältst und wo du vielleicht Schwierigkeiten hast.

Wunder in den Evangelien

Die Heilung eines …	Mk 1,40-45
Heilung eines Mannes am …	Mk 3,1-6
Die Stillung eines …	Mk 4,35-41
Die Heilung eines …	Mk 5,1-20
Der Gang Jesu auf dem …	Mk 6,45-52
Die Heilung eines …	Mk 7,31-37
5000 Menschen werden …	Mt 14,13-21
Die Schwiegermutter des Petrus wird …	Mt 8,14-15
Die Heilung eines …	Mt 9,1-8
Die Tochter des Jairus wird …	Mk 5,21-43
Die Heilung von zwei …	Mt 9,27-31
Petrus fängt …	Lk 5,1-11
Jesus wandelt …	Joh 2,1-12

☞ Ergänze in der Tabelle die fehlenden Worte.

☞ Die Auswahl zeigt Wundergeschichten,
   wie sie in den Evangelien überliefert sind.
   Kläre jeweils:
   • Wer tut das Wunder und wem gilt es?
   • Warum geschieht das Wunder?
   • Was verändert sich durch das Wunder?
   • Wie würdest du das Wunder benennen?
     (z.B. Naturwunder, Rettungswunder, Hei-
     lungswunder, Geschenkwunder, Auferwe-
     ckungswunder …)

☞ Manchmal passiert etwas „Wunderbares" – wenn ein Mensch einen schlimmen
   Autounfall unverletzt übersteht oder wenn eine schlimme Krankheit ohne medizini-
   schen Grund geheilt wird. Unterschiedliche Reaktionen hört man dann:
   „Das war Glück!" – „Alles ist rational erklärbar!" – „Das ist alles ganz normal!" –
   „Hier hatte Gott seine Finger im Spiel!" – „Übersinnliche Kräfte haben dies bewirkt!"

   Wie stehst du zu diesen Aussagen?
   Wie verstehst du heutige „Wunder?"

Jesus der Wundertäter

Jesus heilte Menschen, die an Körper und Seele erkrankt oder behindert waren.

Dies gilt als unbestritten, doch man muss wissen: In biblischer Zeit galt Krankheit und Behinderung als Strafe Gottes. So waren Kranke und Behinderte gesellschaftlich ausgeschlossen und mussten meist als Bettler sehen, wie sie überleben konnten. Schlimm ging es „Aussätzigen" (Bild), Menschen mit einer ansteckenden Hautkrankheit wie etwa Lepra. Wenn wirklich eine Heilung eintrat, musste ein Pries-

ter bestätigen, dass der Mensch wieder in sein Dorf aufgenommen werden durfte.

Wenn Jesus im Namen Gottes heilte, war dies somit auch ein sozialer Akt: Die Menschen wurden wieder zurückgeholt in die Gemeinschaft. Dies schenkte ihnen neuen Lebensmut. Gleichzeitig reagierten Leute mit: „So etwas haben wir noch nie gesehen" (Mk 2,12). Dies zeigt den Eindruck, den Jesus als Heiler auf die Menschen gemacht hat.

Die Heilungen Jesu wurden von seinen Schülern als Wundergeschichten weitererzählt. Sie sollen zeigen: Gott gibt Jesus die Kraft, außergewöhnliche Dinge zu tun. Gott will, dass es den Menschen gut geht. Er überwindet ihre Krankheiten und Schmerzen. In Gottes neuer Welt wird es kein Leid und keinen Tod mehr geben.

Auch über andere wurden Wundergeschichten erzählt. Sie sollten zeigen, dass der Wundertäter eine außergewöhnliche Persönlichkeit ist. Im Gegensatz dazu verbietet Jesus nach Markus Geheilten ausdrücklich, über seine Wunder zu sprechen. Sie sind also nicht Selbstzweck, sondern „Zeichen", dass mit Jesus Gottes neue Welt (Reich Gottes) anbricht. Wenn Jesus im Namen Gottes Wunder tut, soll dies zeigen: Gottes Liebe kann alles überwinden: Krankheit und Not, Angst und unbekannte Mächte, die vielleicht hinter der Not stehen. Sogar der Tod verliert seine Macht.

Bild: Jesus heilt einen Aussätzigen

☞ Lies Mk 1,40-45 (die Heilung eines Aussätzigen) und gliedere den Text nach folgendem Schema:

Einführung	Vorbereitung	Durchführung	Reaktion

☞ Vergleiche die Heilung mit dem, was oben zum damaligen Verständnis von Krankheit gesagt wurde. Was ist in dieser Geschichte zu entdecken?

Wundergeschichten Jesu verstehen

Häufig hört man den Satz: „Das Wunder ist des Glaubens liebstes Kind." Doch bei vielen wecken Wunder heute eher Zweifel. Wenn Jesus über das Wasser geht, fragt man sich: Ist dies „wahr"? Man neigt dazu, alles als unmöglich abzutun, was nicht den eigenen Erfahrungen entspricht. Doch der antike Mensch dachte anders. Für ihn waren die Wunder Jesu Ausdruck seiner Vollmacht, im Namen Gottes Gutes zu tun.

Seit der Aufklärung im 18. Jahrhundert sucht man nach „natürlichen" Erklärungen der Wunder. Man mutmaßte etwa, der Seewandel Jesu sei möglich gewesen durch Steine im Wasser. Bis heute führt man seine Heilungen auf innere Prozesse zurück, die er bei den geheilten Personen ausgelöst haben soll. Doch ist dabei zu bedenken: Wundergeschichten wollen keine Berichte von tatsächlichen Ereignissen sein, sondern sie sollen den Leser für die Sache Gottes begeistern und seinen Glauben stärken. Wer glaubt, dem erschließt sich der Zeichencharakter der

> Im Neuen Testament unterscheidet man **Formen von Wundern:**
> - *Heilungswunder* (z.B. Der Hauptmann von Kapernaum)
> - *Auferweckungswunder* (z.B. Die Tochter von Jaïrus)
> - *Rettungswunder* (z.B. Jesus stillt den Sturm)
> - *Geschenkwunder* (z. B. Jesus gibt 5000 Menschen zu essen)

Wunder. Entsprechend ist die Reaktion der Menschen auf die Taten Jesu oft zwiespältig. Wunder weisen im Neuen Testament nicht auf den Wundertäter hin, sondern sie zeigen, wie sich Gott die Welt vorstellt (Reich Gottes, Mt 12,28). Niemand wird mehr leiden, keiner sollte ausgeschlossen sein. Solche Geschichten machten Betroffenen Mut, das Leben neu zu wagen – im Vertrauen auf die rettende Liebe Gottes. Viele Wundertaten im Neuen Testament erinnern auch an Erzählungen aus dem Alten Testament – beispielsweise vom Propheten Elia oder von Mose. Auch hier ist Gott am Werk und greift zugunsten des Volkes oder einzelner Menschen ein.

Die Evangelisten und später die christlichen Gemeinden haben Wundergeschichten ausgeschmückt, um den Menschen vor Augen zu führen: ihr Erlöser ist anderen „Wundertätern" damaliger Zeit ebenbürtig. Dass sie damit dem modernen Bibelleser den Glauben an Jesus eher erschweren würden, konnten sie damals noch nicht ahnen.

☞ Ist der Begriff „Wunderbericht" nach dem oben Gesagten hilfreich?

☞ In welchem Verhältnis stehen „Glaube" und „Wunder"? Lies dazu: Mk 5,34.36b; Mk 4,40; 9,23f.; 10,52; Mt 8,10; Lk 17,19.

☞ Heute werden Wundergeschichten Jesu auch als Comic dargestellt. Schreibe in die Sprechblase, was Maria sagt.

☞ Was denkst du über diesen Comic?

Jesus und die bösen Geister

„So zog Jesus durch ganz Galiläa, verkündete in den Synagogen die Gute Nachricht und trieb die bösen Geister aus."   Mk 1,39, Gute Nachricht Bibel

Böse Geister austreiben – wie kann man sich dies vorstellen? Die Leute im Mittelalter meinten, Dämonen seien so etwas wie bösartige Fabelwesen, die in einen Menschen hineinschlüpfen und dann von Jesus herausgetrieben wurden – auf der Abbildung kann man dies gut erkennen. Für uns heute ist diese Vorstellung merkwürdig.

Der Theologe Peter Busch erklärt sich den Dämonenglauben zur Zeit Jesu so:

Die Menschen damals dachten über Dämonen so, wie wir heute über elektrischen Strom denken. Elektrischer Strom ist unsichtbar und nicht hörbar, aber jeder von uns weiß, dass es ihn gibt: Man spürt seine Wirkung, den Schaden, den er anrichten kann, wenn man einen Schlag bekommt. Auch die bösen Geister waren für die Menschen unsichtbar und nicht hörbar. Aber jeder zur Zeit Jesu wusste, dass es sie gibt: Man spürt ihre Wirkung, denn auch sie können Schaden anrichten. Besessenheit nannte man dies.

Doch zurück zum elektrischen Strom. Manche Menschen sind Spezialisten für elektrischen Strom – man nennt sie Elektriker. Sie haben Spezialwissen, um mit Strom umzugehen und Schaden abzuwenden – wenn sie etwa Elektroleitungen legen. Bei bösen Geistern ist das zur Zeit Jesu ähnlich. Manche Menschen sind Spezialisten für böse Geister. Man nennt sie Beschwörer – oder Exorzisten. Sie hatten Spezialwissen, um mit Geistern umzugehen und Schaden abzuwenden: Etwa einen bösen Geist beschwören oder aus einem Menschen austreiben.

Wenn jemand heute fragen würde: „Glaubst du an elektrischen Strom?" Dann würde jeder sagen: „Was soll diese Frage? Ich WEISS, dass es elektrischen Strom gibt. Ich sehe doch seine Wirkung überall und sogar alle Wissenschaftler sagen: Es gibt Strom!" Wenn jemand zur Zeit Jesu fragen würde: „Glaubst du an Dämonen?", dann würde jeder sagen: „Was soll diese Frage? Ich WEISS, dass es Dämonen gibt. Ich sehe doch ihre Wirkung überall und sogar alle heiligen Schriften sagen, dass es Dämonen gibt. Ich kann mir eine Welt ohne Dämonen nicht vorstellen!"

Eine Welt ohne Geister ist für die Menschen damals also nicht vorstellbar. Böse Geister sind für die Menschen damals und auch für Jesus Teil ihres Weltbildes. Man konnte damit viel erklären: Krankheiten, Unfälle, Schäden aller Art an Seele und Leib. Wenn jemand depressiv war oder von Ängsten verfolgt wurde, dann war klar: Er ist von einem „bösen Geist" besessen und ein Spezialist, ein Heiler wie Jesus, muss ihm helfen!

Bild: Jesus treibt einen Geist aus (1458)

☞ Wie erklärt der mittelalterliche Maler auf dem Bild Dämonen, wie erklärt sie Peter Busch?

☞ Diskutiere die These, dass unser heutiger „Stromglaube" zu sehen ist wie damals der „Geisterglaube".

Tod und Auferstehung Jesu in den Evangelien

☞ Vier Geschichten werden in der Bibel über die „Passion" (= das Leiden) Jesu sowie das erzählt, was nach seinem Tod geschah. Orientiere dich an der Darstellung des Lukas und vergleiche diese mit der der anderen Evangelien. Was ist ähnlich, was anders? Stelle dies in Form einer Tabelle zusammen:

Lukas 22-24	Markus 14-16	Matthäus 26-28	Johannes 18-21
Lk 22,1-2: Todesbeschluss Lk 22,3-6: Verrat des Judas Lk 22,7-20: Abendmahl Lk 22,21-23: Ankündigung des Verrats Lk 22,24-38: Gespräch mit den Jüngern Lk 22,39-46: Im Garten Gethsemane Lk 22,47-54: Gefangennahme Lk 22,55-62: Petrus verleugnet Jesus Lk 22,63-71: Verspottung Jesu Lk 22,66-71: Verhör durch den Hohen Rat Lk 23,1-5: Jesus vor Pilatus Lk 23,6-12: Jesus vor Herodes Lk 23,13-25: Verurteilung durch Pilatus Lk 23,26-32: Weg nach Golgatha Lk 23,33-49: Kreuzigung und Tod Lk 23,50-56: Jesu Grablegung Lk 24,1-12: Jesus ist auferstanden Lk 24,13-35: Die Emmausjünger Lk 23,36-40: Jesus erscheint vor den Jüngern Lk 23,50-53: Jesu Himmelfahrt			

Kläre in den Texten:
☞ Was ist „Sondergut", also was kommt nur in einem Evangelium vor?
☞ Wie wird die Beerdigung beschrieben?
☞ Was geschieht alles am offenen Grab?
☞ Wie wird die Begegnung Jesu mit seinen Jüngern geschildert?
☞ Womit endet das Evangelium?

☞ Ordne folgende Bilder in der richtigen Reihenfolge des Ablaufs:

Palmsonntag bis Himmelfahrt

Die Zeit von Palmsonntag bis Ostern und Himmelfahrt ist für Christen das Zentrum des Kirchenjahrs.

Palm-sonntag	Mk 11,1-10: Jesus kommt mit seinen Jüngern nach Jerusalem. Die Leute jubeln und rufen: „Jesus ist unser König." Danach geht Jesus in den Tempel. Dort vertreibt er die Händler. Manchen gefällt das nicht. Der Name „Palmsonntag" kommt daher, weil man dachte, die Menschen haben Jesus mit Palmzweigen begrüßt. Heute werden in der katholischen Tradition Zweige, Büsche oder in Südamerika auch Maispflanzen auf einer Prozession umhergetragen.	
Gründon-nerstag	Mk 14,12-52: Jesus hält mit seinen Jüngern das letzte Abendmahl. Er sagt, Brot und Wein sind Zeichen für die Gemeinschaft mit ihm. Nachts im Garten Gethsemane betet Jesus und wird verhaftet. „Grün" kommt vom altdeutschen Wort „greinen" (= weinen). Heute feiert man am Abend Gottesdienst mit Abendmahl.	
Karfreitag	Mk 14,53-15,47: Jesus ist gefangen. Der Hohepriester denkt: Jesus beleidigt Gott. Pontius Pilatus, der Vertreter des Kaisers, verurteilt ihn zum Tod. Vor der Stadt stirbt Jesus am Kreuz. Freunde beerdigen ihn in einem Grab. „Kar" kommt vom altdeutschen Wort „trauern". Karfreitag ist ein hoher Feiertag, an dem gefastet und Trauerkleidung getragen wird. Im Gottesdienst schweigen Orgel und Glocken. Katholiken gehen die Stationen des Kreuzwegs ab. Zeichen für die Trauer ist auch ein schwarzes Tuch auf der Kanzel und dem Altar.	
Oster-sonntag	Mk 16,1-8: Am dritten Tag gehen Frauen zum Grab und finden es leer. Zwei Jünger begegnen Jesus beim Dorf Emmaus. Schließlich sehen alle Jünger, dass Jesus auferstanden ist. Durch Ostern haben Christen Hoffnung, dass Gott Menschen im Tod beistehen kann. Ostern wird mit einem Gottesdienst zum Sonnenaufgang eröffnet – oft auf dem Friedhof, um zu zeigen: Jesus ist auferstanden. Gott kann den Tod überwinden. Im Gottesdienst wird die Osterkerze entzündet und ein weißes Tuch hängt vom Altar und der Kanzel. An Ostern gibt es Brauchtum – so das Osterlamm, das an Jesus als „Lamm Gottes" erinnert. Das Ei wird verstanden als Zeichen für neues Leben.	
Christi Himmel-fahrt	Apg 1,4-14: Jesus ist 40 Tage bei seinen Jüngern und macht ihnen Mut, von Gott zu erzählen. Dann ist Jesus plötzlich verschwunden. Zwei Männer erscheinen und sagen, er sei bei seinem Vater im Himmel. Christi Himmelfahrt zeigt für Christen, dass Jesus bei Gott ist und mit ihm in enger Verbindung steht. An dem Feiertag werden Gottesdienste gefeiert. Ursprünglich als „Herrentag" gedacht, gilt Christi Himmelfahrt heute für viele als „Vatertag" ohne Bezug zur biblischen Geschichte.	

☞ Welche Farben würdest du den Tagen zuordnen?

☞ Recherchiere: Wie wird die Osterwoche in deinem Ort gefeiert? Beachte, dass es unterschiedliche Glaubensrichtungen (Evangelisch, Katholisch, Orthodox, Freikirchlich …) gibt.

Kreuzweg

In katholischen Kirchen oder auf Feldwegen finden sich vierzehn Bilder, die den Weg Jesu vor seinem Tod darstellen. Sie laden ein, über das Leiden Jesu und über das Leiden in der Welt heute nachzudenken.

Als fünfzehnte Station gilt der Altar einer Kirche – als Zeichen für die Auferstehung und die Überwindung des Todes. Die Kreuzwegstationen sind:

1. Jesus wird zum Tode verurteilt.	8. Jesus begegnet den weinenden Frauen.
2. Jesus nimmt das Kreuz auf seine Schultern.	9. Jesus fällt zum dritten Mal unter dem Kreuz.
3. Jesus fällt zum ersten Mal unter dem Kreuz.	10. Jesus wird seiner Kleider beraubt.
4. Jesus begegnet seiner Mutter.	11. Jesus wird ans Kreuz geschlagen.
5. Simon von Kyrene hilft Jesus, das Kreuz zu tragen.	12. Jesus stirbt am Kreuz.
6. Veronika reicht Jesus ein Schweißtuch.	13. Jesus wird vom Kreuz abgenommen und zu seiner Mutter gelegt.
7. Jesus fällt zum zweiten Mal unter dem Kreuz.	14. Der Leichnam Jesu wird ins Grab gelegt.

☞ Zum Kreuzweg gibt es biblische Belege. Sie finden sich an folgenden Stellen:

Mt 27,22-26	**Mt 27,27-31**	**Mt 27,32**
Mt 27,33-36	**Mt 27,37-42**	**Mt 27,45-54**
Mt 27,59-61	**Joh 19,38**	**Lk 23,28-33**

☞ Welche der Kreuzwegstationen finden sich nicht in der Bibel?

☞ Suche nach einem Kreuzweg in deiner Umgebung (Feldweg) oder in einer katholischen Kirche. Wie wird er dargestellt?

Die Bilder zum Kreuzweg können zur Orientierung dienen. Sie zeigen eine traditionelle Darstellung. Sie finden sich auch unter www.relibausteine.com, Stichwort: Jesus Christus.

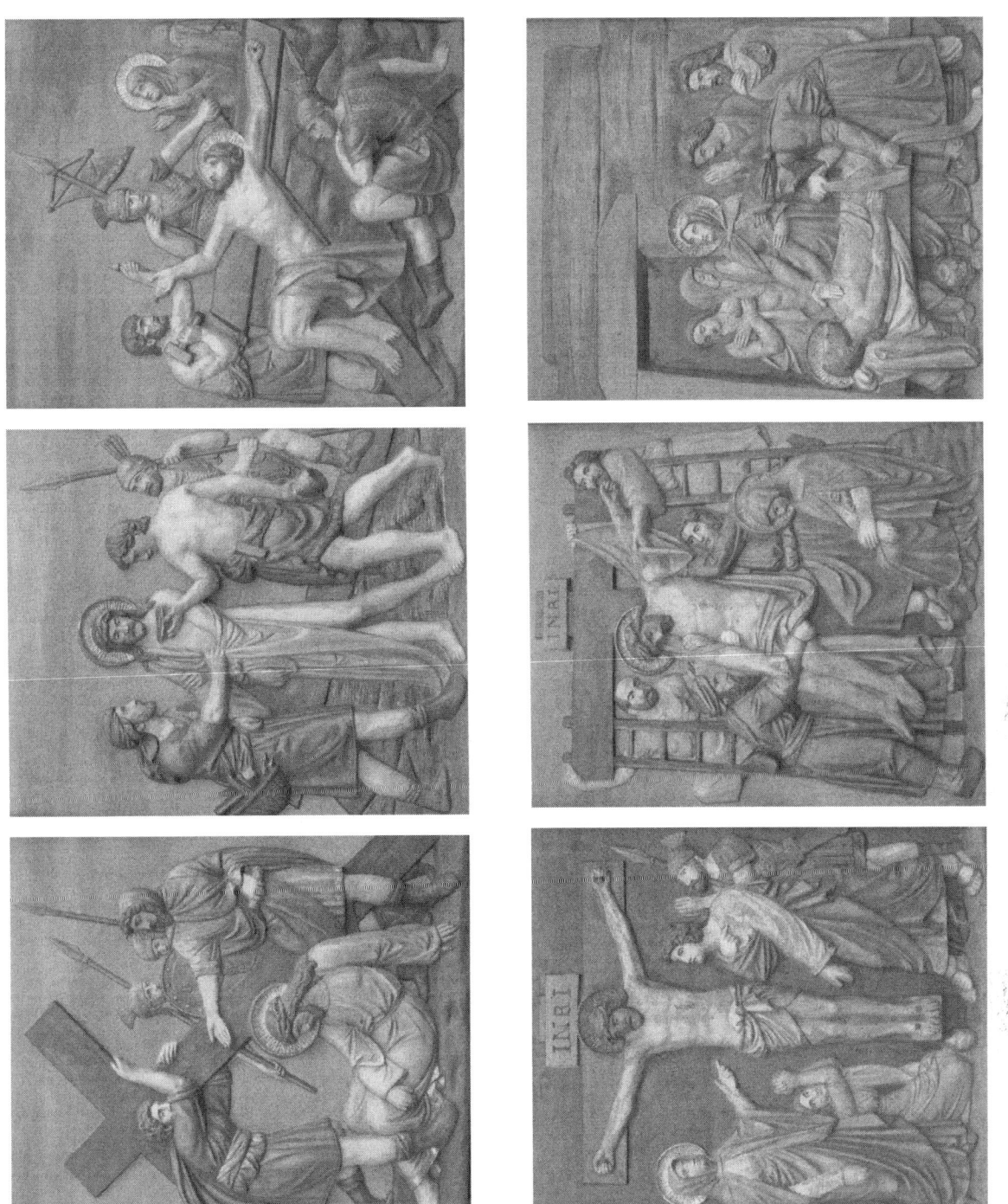

☞ Schneide die Bilder des Kreuzwegs aus und ordne sie in der richtigen Reihenfolge.

☞ Du kannst den Kreuzweg auch in Farbe finden auf der Website www.relibausteine.com auf der Seite Relibausteine Sekundar – Jesus Christus.

Jesus und das Abendmahl

Leonardo da Vinci, Abendmahl (1498)

☞ Lies die Geschichte vom Abendmahl (Mk 14,12-25). Warum kommt Jesus mit seinen Jüngern zusammen?

☞ Lies auch Joh 13,1-5 und Kor 11,23-26. Was fällt dir im Vergleich auf?

☞ Vergleiche die folgenden Stellen und markiere Gemeinsamkeiten und Unterschiede:

Mk 14,22-24	Mt 26,26-28	Lk 22,19-20
Und als sie aßen, nahm er das Brot, dankte und brach's und gab's ihnen und sprach: Nehmet; das ist mein Leib. Und er nahm den Kelch, dankte und gab ihnen den; und sie tranken alle daraus. Und er sprach zu ihnen: Das ist mein Blut des Bundes, das für viele vergossen wird.	Als sie aber aßen, nahm Jesus das Brot, dankte und brach's und gab's den Jüngern und sprach: Nehmet, esset; das ist mein Leib. Und er nahm den Kelch und dankte, gab ihnen den und sprach: Trinket alle daraus; das ist mein Blut des Bundes, das vergossen wird für viele zur Vergebung der Sünden.	Und er nahm das Brot, dankte und brach's und gab's ihnen und sprach: Das ist mein Leib, der für euch gegeben wird; das tut zu meinem Gedächtnis. Desgleichen auch den Kelch nach dem Mahl und sprach: Dieser Kelch ist der neue Bund in meinem Blut, das für euch vergossen wird!

Text: Luther 2017

Der Text wurde von christlichen Kirchen unterschiedlich ausgelegt:

Katholische Auslegung	Jesus ist leibhaftig im Abendmahl anwesend. Dies geschieht durch die Wandlung von Brot und Wein in den realen Leib und das wirkliche Blut Jesu (= Transsubstantiation). Man nimmt dadurch Jesus beim Abendmahl in sich auf. Ohne das Abendmahl (die Eucharistie) ist ein Gottesdienst unvollständig.
Lutherische Auslegung	Jesus ist real im Abendmahl mit dabei, ohne dass Brot und Wein gewandelt werden muss. Daher ist das Abendmahl wichtig, aber ein Gottesdienst kann auch ohne Abendmahl gefeiert werden.
Reformierte Auslegung	Beim Abendmahl wird betont „zu meinem Gedächtnis". Christus ist im Geist anwesend. So wird an Jesus und seine Gemeinschaft nur gedacht („Gedächtnismahl"). Das Abendmahl wird daher selten gefeiert.

☞ Überlege, ob die unterschiedlichen Positionen zum Abendmahl jeweils ein anderes Jesusbild nach sich ziehen.

Warum musste Jesus sterben?

Jesus geriet in Konflikt mit den religiös und gesellschaftlich Führenden seiner Zeit. Er aß mit verachteten Zöllnern und Sündern und legte Gebote zugunsten der Menschen aus. Er trat mit dem Anspruch auf, mit Gottes Vollmacht zu handeln. In den Evangelien spiegelt sich dies in Streitgesprächen mit Pharisäern und Schriftgelehrten. Als Jesus zum Passafest nach Jerusalem kam, war nach einem Vorfall im Tempel für die Mächtigen das Maß voll: Jesus wurde gefangen genommen und als politischer Aufrührer zum Tod am Kreuz verurteilt.

Doch wer hatte alles Anteil an der Verurteilung und am Tod Jesu?

Der Hohe Rat ("Sanhedrin" = Versammlung) war die oberste jüdische Behörde für religiöse Fragen – bestehend aus 70 Mitgliedern aus der Priesterschaft, den Schriftgelehrten und den "Ältesten" des Volkes. Der Hohepriester war Vorsitzender des Hohen Rats. Die Sadduzäer dominierten ihn und standen Veränderungen im Judentum kritisch gegenüber. Die Römer erkannten die Autorität des Hohen Rats in religiösen

Fragen an. Seine weltliche Vollmacht hatten sie jedoch eingeschränkt. So durfte er keine Todesurteile fällen oder vollstrecken (Joh 18,31). Der Hohe Rat warf Jesus Gotteslästerung vor, worauf nach dem jüdischen Gesetz die Todesstrafe stand.

Herodes Antipas (Lk 3,1; 13,31ff. und 23,7ff.) war Sohn Herodes des Großen und Landesherr über Galiläa. So war er für Jesus mit zuständig.

Pontius Pilatus war von 26 bis 36 n.Chr. der Stellvertreter des römischen Kaisers (Statthalter oder "Prokurator") und damit der mächtigste Mann in Judäa. Er galt als grausam. Sein Hauptsitz war Cäsarea am Meer, doch hatte er auch eine Residenz auf der Burg Antonia am Tempel in Jerusalem. Jesus musste an Pilatus ausgeliefert werden, der ihn zum Tode verurteilte. Pilatus kümmerte Streitigkeiten unter Juden nicht, doch war er um ein gutes Verhältnis zur jüdischen Oberschicht bemüht. So verurteilte er Jesus zur Kreuzigung, der Todesstrafe für politische Aufrührer, – daher die Bezeichnung "König der Juden" am Kreuz.

☞ Lange Zeit wurden Juden als "Christusmörder" beschimpft. Aus den Fakten zum Tod Jesu kann man jedoch ableiten …

☞ Die Römer und Pilatus werden in den Evangelien nicht direkt als Schuldige für den Tod Jesu benannt. Woran könnte das liegen?

☞ Nach Joh 19,5 sagt Pilatus, als er den gefolterten Jesus mit der Dornenkrone sieht: "Seht, welch ein Mensch!" – lateinisch "Ecce Homo". Es gibt eine lange Tradition, Jesus in dieser Szene darzustellen – in Wort und Bild. Recherchiere hierzu unter "Ecce Homo".

Bild: Guido Reni, Ecce Homo (1639)

Kreuzigung als Todesstrafe

Die Kreuzigung ist eine der schmerzvollsten Formen zu sterben und eine brutale Methode der menschlichen Erniedrigung. Meistens dauerte es Stunden oder Tage, bis der Gekreuzigte den Tod fand. Die Gekreuzigten starben meistens an einem Kreislaufkollaps oder an Herzversagen. Von den Phöniziern entwickelt, erfuhr sie um 1000 v.Chr. einen Höhepunkt. Anfangs wurden Verurteile an einen Baum gebunden und alleine gelassen. Die Perser übernahmen um 400 v.Chr. diese Praxis. So ließ der Perserkönig Darius 3000 Gegner auf diese Weise hinrichten. Die Griechen errichteten Kreuzigungsplätze, meist auf einem Berg oder einem Hügel. Verurteilte wurden an Pfählen befestigt, angenagelt oder mit dem Kopf nach unten aufgehängt. Verwandte konnten allerdings durch die Zahlung eines gewissen Geldbetrages die Art der Kreuzigung beeinflussen.

Die Römer machten es zur Sitte, die Verurteilten zu entkleiden und auszupeitschen ("geißeln"). Für die Römer war die Kreuzigung eine Strafe für Sklaven und Aufständische, die oft entlang viel genutzter Straßen zur Abschreckung aufgehängt wurden. Römische Staatsbürger durften allerdings nicht gekreuzigt werden.

Unklar war lange, wie Jesus gekreuzigt wurde. Bilder stellen Jesus seit der Gotik mit Nägeln in den Händen dar. Wahrscheinlicher war, dass Nägel durch den Unterarm getrieben wurden – aber dafür gibt es keinen archäologischen Beweis. Einziger Beweis für eine Kreuzigung ist ein Fußknochen, durch den seitlich ein Nagel getrieben wurde.

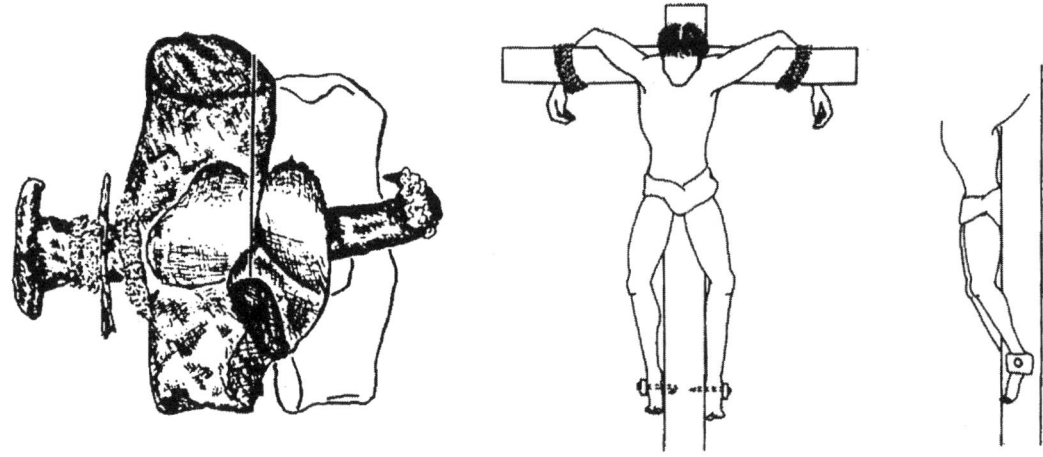

☞ Vergleiche Lk 23,26-34 mit dem, was oben über die Kreuzigung gesagt wird. Welche Wirkung sollte die Hinrichtungsmethode der Kreuzigung erzielen?

Über die Kreuzigung und das Kreuz als Symbol gibt es viele Äußerungen:
„Käme er (Jesus), man würde ihn zum zweiten Mal kreuzigen."

Johann Wolfgang von Goethe (1828)

„Das Kreuz steht ohne jeden Zweifel für Gewaltlosigkeit."

Wolfgang Huber (2004)

☞ Was sagen diese Sätze aus? Suche nach weiteren Aussagen über die Kreuzigung und die Bedeutung des Kreuzes.

Jesu letzte Worte

Sieben Worte werden von Jesus überliefert. Sie lassen Rückschlüsse auf die Einschätzung von Jesu Tod zu.

1. Bei Markus und Matthäus stirbt Jesus mit dem Ausruf (Mk 15,34): *Und zu der neunten Stunde rief Jesus laut: „Eli, Eli, lama asabtani? Das heißt übersetzt:*

Mein .... "
Der Aufschrei stammt aus Psalm 22 und ist Ausdruck tiefen Leids. Indem Jesus sich mit dieser Frage an seinen Gott wendet, hält er an ihm fest. Wer den ganzen Psalm kennt, weiß: Das Gebet, das als Klage beginnt, endet im Lob Gottes.

2. Lukas berichtet von drei Sätzen, die Jesus am Kreuz gesagt hat:
Lk 23,34: „Jesus aber sprach: *Vater, vergib ihnen ...*

.... "
Lk 23,43: „Wahrlich, ich sage dir:

Heute .... "

Lk 23,46: „Und Jesus rief laut:

Vater, ... "
Der dritte Satz ist ein Gebetsruf aus Psalm 31. Es ist das Abendgebet der frommen Juden. Den Händen der Menschen und damit dem Tod ausgeliefert, befiehlt Jesus seinen Geist (d. h. sein Leben) vertrauensvoll in Gottes Hände.

3. Bei Johannes sagt Jesus zunächst zu seiner Mutter (Joh 19,26-27): „Frau, siehe, das ist dein Sohn!" Danach spricht er zu einem Jünger: „Siehe, das ist deine Mutter!"

Joh 19.28: „Mich .... "
Joh 19,30: „Als nun Jesus den Essig genommen hatte, sprach er:

....! und neigte das Haupt und verschied."

Jesus zeigt sich bei Johannes als Herr des Geschehens und als Herr über den Tod. Damit setzt Johannes einen anderen Akzent. Jesus erfüllt mit seinem Sterben den Auftrag, zu dem er als Sohn Gottes in die Welt gesandt wurde.

☞ Jedes dieser Worte kann man unterschiedlich darstellen. Welche Farben würdest du den einzelnen Worten zuordnen? Wie würdest du jeweils das Gesicht Jesu gestalten?

☞ Wie unterscheidet sich besonders Johannes von den anderen Evangelisten? Welche Absicht kann hinter der Darstellung des Johannes stehen?

Für uns gestorben – biblisch

Jesus ist „für uns" gestorben. Dieses Bild findet sich durchgehend im Neuen Testament. Paulus sagt dies mehrfach (Röm 5,6; 2. Kor 5,14; 1. Thess 5,10). Die Evangelien stellen Jesus in der Leidensgeschichte als den leidenden Gerechten dar, der unschuldig in den Tod geht. Für die christlichen Gemeinden ist so Jesus das Vorbild eines Märtyrers, der sich Gott anvertraut (Mt 26,39) und noch beim Sterben an die Seinen und an seine Mitmenschen denkt (Joh 19,25-27; Lk 23,24). Johannes nennt Jesus „das Lamm Gottes, das der Welt Sünde trägt" (Joh 1,29). Paulus sieht in ihm „ein Passalamm, das geopfert ist" (1. Kor 5,7). Bei Markus sagt Jesus über sich: „Der Menschensohn ist nicht gekommen, dass er sich dienen lasse, sondern dass er diene und sein Leben gebe als Lösegeld für viele" (Mk 10,45). Schließlich schreibt Paulus an die Gemeinde in Korinth: „Ihr seid teuer erkauft, werdet nicht der Menschen Knechte" (1. Kor 7,23). Der Kreuzestod Jesu wird mit Bildern gedeutet – mit dem *Bild des Opferlammes* und dem *Bild des Loskaufs.*

Im *Bild des Opferlammes* fließen verschiedene Geschichten ineinander:
Es erinnert an den Auszug aus Ägypten (2. Mose 1-15), an den jährlich beim Passafest erinnert wird. Vor dem Auszug sollten die Israeliten ein männliches Lamm schlachten und mit dessen Blut die eigenen Türpfosten bestreichen. So wurden sie geschützt (2. Mose 12). Bei einem zweiten Fest, dem Versöhnungsfest (Jom Kippur), gibt es ein „Sühnopfer" (3. Mose 16). Alljährlich wählt das Volk Israel einen Ziegenbock aus, dem die eigenen Verfehlungen aufgeladen werden und der als „Sündenbock" in die Wüste gejagt wird.
Mit beiden Riten sollte in Israel die Gemeinschaft zwischen Gott und Volk wiederhergestellt („gesühnt") werden.
Das *Bild des Loskaufs* stammt aus der Zeit der Sklaverei. Sklaven waren uneingeschränktes Eigentum ihrer Herren. Nach römischem Recht konnten die Herren sogar über Leben und Tod verfügen. Wollte ein Sklave Freiheit erlangen, musste er mit Lösegeld freigekauft werden. Erlösung bezeichnet also einen Rechtsakt, der zur Befreiung von Fremdherrschaft führt.

☞ Fasse kurz in einer Tabelle zusammen, wie die Autoren (Paulus, Johannes …) „für uns gestorben" verstehen. Schlage dazu die Bibelstellen nach.

☞ Recherchiere zu den angesprochenen jüdischen Festen Passa (Pessach) und Versöhnungstag (Jom Kippur). Kläre dabei die Bedeutung des „Opfers".

☞ Wenn heute von „Opfer" die Rede ist – was kann damit alles gemeint sein?

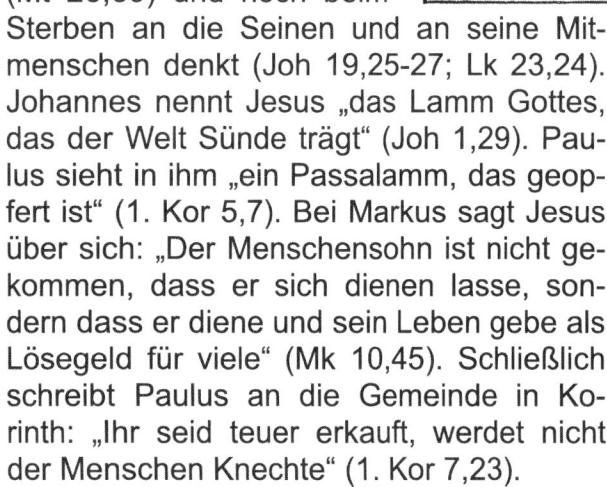

Hey, du OPFER

Diskussion um den Sühnetod Jesu

„Jesus starb, um unsere Sünden zu sühnen!" Diese Deutung wurzelt in Aussagen des Neuen Testaments, wo gesagt wird: Jesus ist „für uns" gestorben – als „Lamm Gottes", das die „Sünde der Welt" trägt (Joh 1,29). Aus diesem Gedanken entwickelte sich im Mittelalter, besonders bei Anselm von Canterbury (1033-1109), die Lehre: Jesus musste sterben, damit Gott sich mit den Menschen wieder versöhnt. In der Reformationszeit erkennt auch Martin Luther im Tod Jesu ein Sterben für unsere Sünden. Jesus stirbt als unser Stellvertreter. So ist diese Lehre bis heute in der katholischen wie auch evangelischen Kirche verbreitet.

Gegen diese Deutung erhob sich immer wieder Einspruch. Biblisch spricht dagegen, dass *„die Väter nicht für die Kinder noch die Kinder für die Väter sterben sollen, sondern ein jeder für seine eigene Sünde sterben soll"* (5 Mose 24,15). Schuld ist demnach nicht vererbbar. Diesen Gedanken baute der Philosoph Immanuel Kant (1724-1804) weiter aus: *„Schuld (kann) ... nicht von einem andern getilgt werden; denn sie ist keine transmissible (über-*

tragbare) Verbindlichkeit ..., sondern die allerpersönlichste, nämlich eine Sündenschuld, die nur der Strafbare, nicht der Unschuldige, ... tragen kann."

Dem pflichtete der Theologe Rudolf Bultmann (1884-1976) bei: *„Wie kann meine Schuld durch den Tod eines Schuldlosen ... gesühnt werden? Welche primitiven Begriffe von Schuld und Gerechtigkeit liegen solcher Vorstellung zugrunde? ... Soll die Anschauung vom sündentilgenden Tode Christi aus der Opfervorstellung verstanden werden: welch primitive Mythologie, dass ein Mensch gewordenes Gotteswesen durch sein Blut die Sünden der Menschen sühnt!"*

Der Theologe Albrecht Ritschl (1822-1889) fragte nach dem Gottesbild hinter dieser Vorstellung: *„Der zornige Gott ist eine Fiktion des schuldbeladenen Menschen. Nicht Gott muss versöhnt werden – der Mensch liegt im Streit mit ihm. Jesus ist der Gesandte Gottes, der die Menschen mit Gott versöhnen will. Das lehnen die Menschen ab und töten ihn sogar. Das Kreuz ist das Siegel auf die Liebe und Vergebungsbereitschaft Gottes!"*

☞ Fasse die Argumente gegen ein stellvertretendes Sterben Christi zusammen.

☞ Kläre, wie der folgende Text die Frage nach dem Sühnetod löst und diskutiere ihn mit anderen.

„In Jesus stirbt der Sohn Gottes, weil Gott ihn der Gewalttätigkeit und Bösartigkeit der Menschen preisgibt. Das Geschehen macht deutlich: Gott handelt in der menschlichen Geschichte, aber nicht so, dass er wie einer der menschlichen Akteure seine Macht einsetzt und sie gegen die Macht anderer stellt. Mit der Kreuzigung macht Jesus den Anfang der Versöhnung, indem er das, was Gott und Mensch trennt, wegschafft (...). Die Tötung Jesu ist brutale Gewalt der Menschen gegen Gott. Er verhindert sie nicht, aber er lässt der lebensfeindlichen Gewalt auch keinen Triumpf. Er vergilt nicht Gewalt mit Gewalt, sondern zerstört die Gewalt von innen: Mit der Kreuzigung Jesus macht er den Anfang der Versöhnung, indem er ihn als Sühneopfer annimmt. Gottes Macht und Gnade zeigt sich darin, dass er aus einer menschlichen Missetat eine Heilstat, den Grund für die Versöhnung und einen neuen Anfang schaffen kann.

Auferstehung Jesu biblisch

Karfreitag um das Jahr 30. Jesus ist tot. Seine Anhänger sind verwirrt und die Sache Jesu steckt in der Sackgasse. Doch dann muss etwas geschehen sein, das den Anhängern Jesu neuen Mut gab. Die Bibel nennt dieses Ereignis „Auferstehung" – oft dargestellt wie das nebenstehende Bild von Matthias Grünewald (um 1516). Die Apostel tragen, vom Optimismus erfasst, die Botschaft von Jesus und der Auferstehung in die Welt hinaus. Der Auferstehungsglaube wird dabei zum Zeichen gegen die Angst, denn Gott hat gezeigt, dass er alles überwinden kann – sogar den Tod.

Älteste Zeugnisse dieses Geschehens finden sich in kurzen *Formeln* wie 1 Thess 1,10 „Gott, der Jesus von den Toten auferweckt hat ...". Sie entstanden rund zehn Jahre nach dem Tod Jesu und wurden vermutlich in der Unterweisung von erwachsenen Täuflingen verwendet.

Etwas später wurden die *Erzählungen vom leeren Grab* formuliert (Mk 16,1-8; Mt 28,1-10; Lk 24,1-12). Für deren Glaubwürdigkeit spricht, dass es Frauen waren, die das leere Grab entdeckt haben sollen, denn deren Aussage war nach antikem Recht nichts wert. Auch die jüdische Vermutung, dass der Leichnam gestohlen worden sei, erklärt, dass das Grab wohl leer war. Umstritten ist jedoch auch in Kreisen heutiger Theologen, ob sich die Erzählungen vom leeren Grab aufgrund des Glaubens an eine leibliche Auferstehung erst später gebildet haben könnte. Ein leeres Grab beweist jedenfalls noch keine Auferstehung.

Am Ende der Entwicklung stehen die *Erzählungen von der Erscheinung des Auferstandenen vor seinen Jüngern*. Was diese vertrauenswürdig erscheinen lässt, ist die teilweise Übereinstimmung mit 1 Kor 15. Andererseits fehlen sie bei Markus, der mit der Ankündigung der Auferstehung in Galiläa endet. Eigenartig ist, dass Markus, Matthäus und Johannes 21 Galiläa als Schauplatz der Auferstehung voraussetzen, während Lukas und Johannes 20 von Jerusalem ausgehen. Jedenfalls: Ein Bericht *von der Auferstehung selbst* gibt es im Neuen Testament nicht – wir sind allein auf das Zeugnis der Anhänger Jesu angewiesen, dass das Grab leer war.

Bild: Isenheimer Alter (1516)

☞ Fasse die Texte der Erzählungen vom leeren Grab in Mk 16,1-8, Mt 28,1-10, Lk 24,1-12 und Joh 20,11-31 in einer Tabelle zusammen und vergleiche sie. Was fällt dir dabei auf? Wie erscheint Jesus? Wie merken die einzelnen Personen, dass es Jesus ist?

☞ Was ist für dich das Besondere an der Erzählung von der Auferstehung Jesu?

☞ Das Bild oben zeigt einen Ausschnitt des berühmtesten Gemäldes zur Auferstehung. Suche weitere Bilder und stelle dar, wie Künstler das Ereignis interpretieren.

Auferstehung religionsgeschichtlich

Die Botschaft von der Auferstehung Jesu hat ihre Wurzeln in der Auferstehungshoffnung des frühen Judentums. Im **Alten Testament** kommt sie nur am Rande vor.

☞ Lies hierzu Jes 26,19 und Dan 12,1-3.

Ausgereift begegnet die Auferstehungshoffnung erst in der **Literatur des antiken Judentums**, die nicht in den Kanon der Bibel aufgenommen wurde:

> An jenen Tagen wird die Erde die, welche in ihr angesammelt sind, umgeben und auch, die Scheol wird wiedergeben, was sie empfangen hat und die Hölle wird, was sie schuldet, herausgeben. Er wird die Gerechten und Heiligen unter ihnen auswählen, denn der Tag ihrer Erlösung ist nahe.
>
> Äthiopischer Henoch 51,1f.
>
> Dann wird sich die Welt zum Schweigen der Urzeit wandeln, sieben Tage lang, wie im Uranfang, sodass niemand überbleibt. Nach sieben Tagen aber wird der Äon, der jetzt schläft, erwachen und die Vergänglichkeit selber vergehen. Die Erde gibt wieder, die darinnen ruhen, der Staub lässt los, die darinnen schlafen, die Kammern erstatten die Seelen zurück, die ihnen anvertraut sind. Der Höchste erscheint auf dem Richterthron: dann kommt das Ende, und das Erbarmen vergeht, das Mitleid ist fern, die Langmut verschwunden; mein Gericht allein wird bleiben, die Wahrheit bestehen, der Glaube triumphieren.
>
> Viertes Buch Esra 7,30-34

Zur **Zeit des Neuen Testaments** hofften die Pharisäer auf die Auferstehung der Toten am Ende der Zeit. Eine Auferstehung von Göttern, Heroen oder großen Herrschern kannten auch Ägypter, Griechen und Römer. Die antike Welt war davon überzeugt, dass eine wichtige Person auferstehen kann. Strittig war lediglich, ob Jesus eine solche Person war. Im 2. Jh. n. Chr. entstanden Schriften, die „Evangelium" genannt wurden und Namen bekannter Personen trugen, um die Schrift unter deren Autorität zu stellen. Sie gingen, wie das apokryphe **Petrusevangelium** (um 150), weit über den Bericht der Evangelien hinaus:

> „In der Nacht jedoch, in der der Herrentag anbrach, während die Soldaten zu zwei und zwei Wache hielten, gab's ein gewaltiges Tönen am Himmel, und sie sahen den Himmel offen und zwei Männer in reichem Glanz hernieder steigen und sich dem Grabe nähern. Jener Stein aber, der an die Tür gelegt war, kam von allein ins Rollen und wich bei Seite, das Grab tat sich auf, und die beiden Jünglinge traten ein. Als nun jene Soldaten das sahen, da weckten sie den Zenturio auf sowie die Ältesten; denn auch sie waren ja bei der Bewachung zugegen. Und während sie noch erzählten, was sie gesehen hatten, da sehen sie wieder, wie aus dem Grab drei Männer herauskommen, wie die zwei (von vorhin) den einen stützen und ein Kreuz hinter ihnen drein geht, wobei das Haupt der zwei bis an den Himmel reicht, das Haupt aber dessen, der von ihnen geleitet wird, den Himmel sogar überragt. Und eine Stimme hörte man aus dem Himmel sagen: „Hast du den Entschlafenen gepredigt?" Und als Antwort war vom Kreuz her „Ja!" zu hören. Da zogen jene nun untereinander in Erwägung, hinzugehen und dem Pilatus davon Mitteilung zu machen."

Holzschnitt: Speyer (1475)

☞ Vergleiche diesen Text mit den biblischen Evangelien (Mt 28; Mk 16; Lk 24; Joh 20). Wo gibt es Gemeinsamkeiten, wo unterscheiden sie sich?

War das Grab leer?

Dass das Grab Jesu leer gewesen sein soll, erzählen die Evangelien. Sie sind aber keine historischen Berichte, sondern: „Ihr Zweck ist [es], Glauben an Jesus durch anschauliche Verkündigung seiner Heilandstätigkeit zu wecken" (Martin Kähler).

Der Bibelwissenschaftler Gerd Lüdemann fragt in seinem Buch „Die Auferweckung Jesu von den Toten. Ursprung und Geschichte einer Selbsttäuschung" (2002) radikal nach der „Historizität des Erzählten". Er betrachtet das älteste Evangelium, Markus, und kommt zu dem Ergebnis:

„Es leuchtet ein, dass damit der historische Wert dieses Berichts vom leeren Grab Jesu gleich Null ist." Er rekonstruiert, dass der Glaube an die Auferstehung Jesu auf „eine umstürzende visionäre Erfahrung des Kephas (= Petrus)" zurückzuführen sei, „an die sich fast ansteckend Einzel- und Gruppenvisionen anschlossen. Ihr Inhalt war der himmlische Jesus, den Gott zu sich erhöht hatte. Also hatte Gott, so die Folgerung, den schmählich am Kreuze Hingerichteten von den Toten erweckt."

Lüdemann versteht die Vision als Ergebnis einer „missglückten Trauerarbeit": Petrus habe sich schuldig gefühlt, weil er Jesus verraten habe. Seine Vision sei durch diese Schuld erzeugt. Auch bei Paulus liegt eine psychologische Ursache vor. Seine „vehement aggressive Haltung (…) gegen die Christen mag damit zusammenhängen, dass die Grundelemente der von ihm verfolgten Christen ihn unbewusst angezogen haben. Jedoch aus Angst vor seinen unbewussten Strebungen hat er diese auf die Christen projiziert, um sie dort umso ungestümer attackieren zu können. Mit der Vision Christi ergab sich für Paulus eine Umschichtung. Der mit der Verfolgung aufgestaute Schuldkomplex wurde durch die Gewissheit, in Christus zu sein, abgelöst."

Lüdemann kommt so zu dem Ergebnis: „Das Resultat der Analyse der ältesten christlichen Auferstehungstexte ist in historischer Hinsicht eindeutig: Am Anfang stand die Vision Jesu, und daran heftete sich die Folgerung, dass Jesus lebe und Gott ihn zu sich erhöht habe. Demgegenüber war Jesu Grab voll und sein Leichnam verweste, soweit er nicht überhaupt von Geiern und Schakalen direkt vom Kreuzesbalken weggefressen wurde."

Er zieht daraus die Konsequenz, „dass die Ergebnisse meiner Analysen des ältesten Osterglaubens in Widerspruch zum christlichen Bekenntnis stehen und eigentlich keinem mehr erlauben, sich mit ehrlichem Gewissen Christ zu nennen".

Foto: Gerd Lüdemann (epd)

☞ Fasse zusammen, was Lüdemann unter „Auferstehung" versteht und welche Argumente er dagegen vorbringt.

☞ Wie überzeugend sind für dich seine Erklärungen zur Vision von Petrus und Paulus?

☞ Warum folgt aus dem vollen Grab nach Lüdemanns Meinung der Abschied vom Christentum?

Ist Jesus von den Toten auferstanden?

Ist Jesus von den Toten auferstanden?

- Keine Angabe: 2 %
- Weiß nicht: 7 %
- Jesus hat nie gelebt: 10 %
- Jesus ist tot, es gibt keine Auferstehung: 11 %
- Nur Jesu Seele ist auferstanden: 16 %
- Jesus ist im Herzen der Gläubigen auferstanden: 32 %
- Jesus ist leibhaft von den Toten auferstanden: 21 %

Umfrage der Zeitschrift „Chrismon", April 2003

Umfragen wie diese zeigen: Die leibliche Auferstehung scheint vielen nicht glaubhaft. Lange schon gibt es Erklärungsversuche. So glauben manche, die Jünger hätten Halluzinationen gehabt. Manche sagen, Jesus sei in der Verkündigung, also in den Herzen der Gläubigen erst auferstanden. Ein weiterer Erklärungsversuch: Die Auferstehung sei ein Sinnbild allgemeiner Rettungserfahrung – wie also Menschen aus einer verzweifelten Situation herausfinden. Schließlich gibt es Menschen, tur die Jesus nicht leibhaftig, aber im Geist auferstanden ist. Seine Seele hätte sich den Jüngern offenbart. Als auch der Theologe Gerd Lüdemann in den 1990er Jahren lautstark erklärte, dass die Auferstehung aus seiner Sicht unhistorisch sei und man nicht daran festhalten dürfe, entbrannte eine Auseinandersetzung über diese Frage.

Der Bibelwissenschaftler Andreas Lindemann stellte in der Zeitschrift „Der Spiegel" (50, 1999) klar, dass es zwar Legenden um die Erzählung der Auferstehung gibt, doch zur Frage, ob das Grab leer war, betont er: „Das weiß ich nicht. Aber selbst wenn das Grab und Reste des Leichnams Jesu gefunden würden, würde dies meinen Glauben an die Auferweckung Jesu durch Gott nicht berühren."

Ingolf Dalferth kritisierte, dass das Leben mehr umfasst, als die Wissenschaft zu erfassen vermag. „Und ‚Gott' steht für mehr als das, was das Leben umfasst. Auf dieses Mehr zielt die Theologie. (...) Das Kreuz, nicht die Auferweckung verankert den Glauben in der Geschichte. Nur nach dem Kreuz, nicht aber nach der Auferweckung kann daher historisch gefragt werden. Für den Glauben ist das Kreuz allerdings nur aufgrund der Auferweckung interessant: Ohne diese unterschiede es sich nicht von all den viel zu vielen anderen Kreuzen in der Geschichte der Menschheit. Das unterscheidend Besondere dieses Kreuzes aber ist selbst kein weiteres geschichtliches Phänomen, das zu ihm hinzuträte: Kreuz und Auferweckung Jesu sind nicht zwei geschichtliche Ereignisse in zeitlicher Folge. Wie das Bekenntnis der Auferweckung Jesu durch Gott unterstreicht, liegt die eigentümliche Besonderheit des Kreuzes Jesu vielmehr darin, dass es im Leben Gottes eine einmalige Rolle spielt und eben deshalb auch für die Geschichte Gottes mit uns und damit für unser Leben von einmaliger Bedeutung ist. Für sich genommen ist historisches Fragen noch nicht einmal eine Annäherung an das, um das es im Auferweckungsbekenntnis geht. Solches Fragen ist theologisch unzureichend, weil es gerade das methodisch ausblendet, worum es in dem christlichen Bekenntnis zentral geht: die Auferweckung des Gekreuzigten."

☞ Stelle die Deutungsversuche der Auferstehung zusammen. Achte besonders darauf, wie Dalfert Kreuz und Auferstehung historisch bewertet.

☞ Macht eine Umfrage: „Ist Jesus auferstanden?" Wertet die Ergebnisse aus und vergleicht sie mit den Ergebnissen der Chrismon-Umfrage oben.

Gedanken zur Auferstehung

☞ Wie ist die Auferstehung zu verstehen? Lies folgende Gedanken und diskutiere sie mit anderen. Du kannst unten eigene Gedanken zur Auferstehung formulieren.

ihr fragt
wie ist
die auferstehung der toten?
    ich weiß es nicht
ihr fragt
wann ist
die auferstehung der toten?
    ich weiß es nicht
ihr fragt
gibts
eine auferstehung der toten?
    ich weiß es nicht
ihr fragt
gibts
keine auferstehung der toten?
    ich weiß es nicht
ich weiß
nur
wonach ihr nicht fragt:
    die auferstehung derer die leben
ich weiß
nur
wozu Er uns ruft:
    zur auferstehung heute und jetzt

Kurt Marti, Leichenreden (1969)

Wir sind Protestleute gegen den Tod.

Christoph Blumhardt d.J.

Der Tod ist die uns zugewandte Seite jenes Ganzen, dessen andere Seite Auferstehung heißt.

Romano Guardini

Wenn ich tot bin, soll mir mal einer mit Auferstehung oder so kommen: ich hau ihm eine rein.

Arno Schmidt

Erst wenn wir dunkelste Stunden überlebt haben, ahnen wir, was Auferstehung ist.

Ernst R. Hauschka

Die Gläubigen glauben an die Auferstehung, die Atheisten an ein „come back".

Stanislaw Jerzy Lec

Die Auferstehung ist kaum erklärbar. Kann eine Raupe sich vorstellen, wie ihr späteres Leben als Schmetterling aussehen wird?

Jesu Geburt

Unser Bild von der Geburt Jesu ist geprägt durch Weihnachtskrippen. Diese gibt es seit etwa 800 Jahren. Sie sollen Menschen die Weihnachtsgeschichte vor Augen führen. Doch welche? In der Bibel gibt es nämlich zwei davon! Manches kommt nur bei Matthäus vor, manches nur bei Lukas. Manches findet sich in beiden Evangelien, manches nirgendwo, denn zur Weihnachtsgeschichte gibt es Legenden, die in die Darstellung der Krippe hineingewandert sind.

☞ Überlege: Was gehört alles in eine traditionelle Krippe hinein?

☞ Lies Lukas 1-2 und Matthäus 1-2 und ordne zu:

Geschichte	Nur Mt	Nur Lk	Mt und Lk	nirgends
Flucht nach Ägypten				
Hirten auf dem Feld				
Ochse und Esel				
König Herodes				
Stern von Bethlehem				
Johannes der Täufer				
Die Prophetin Hanna				
Zacharias				
Statthalter Quirinius				
Engel kündigt die Geburt an				
Bethlehem				
Kindermord				
Jungfrauengeburt				
Drei Könige				
Drei Geschenke				
Magier				
Stammbaum Jesu				

☞ Wie müsste eine Krippe aussehen, die „rein" das wiedergibt, was Lukas oder was Matthäus berichtet? Du kannst beide Krippen stellen.

☞ Eine Tradition hat sich sehr spät entwickelt – die „Heiligen drei Könige". Recherchiere hierzu, beispielsweise unter www.heiligenlexikon.de.

☞ Was geschieht heute bei uns am „Dreikönigstag", dem 6. Januar?

Jesus und die Weihnachtsgeschichten

Was berichten die Weihnachtsgeschichten über Jesus? Viel über den Glauben an ihn, wenig über ihn als historische Person. Forscher vermuten: Wenn man „Jesus von Nazareth" heißt, dann meint dies den Geburtsort. Nach dem Propheten Micha kommt aber der Messias aus Bethlehem (Micha 5,1). So haben Matthäus und Lukas den Geburtsort nach Bethlehem verlegt.

☞ Suche im folgenden Text nach Unterschieden und Gemeinsamkeiten.

Bei Matthäus kommt ein Engel zu Josef nach Bethlehem, wo er und Maria wohnen. Er sagt, er solle seine Verlobte Maria nicht verlassen, obwohl sie schwanger ist. Das Kind solle Jesus heißen und es wird der Retter der Welt sein. Ein Stern geht im Osten auf. Fremde Sterndeuter folgen ihm. Sie finden das Kind in einem Haus in Bethlehem und bringen ihm wertvolle Geschenke. König Herodes bedroht das Leben des Kindes. Die Familie muss nach Ägypten fliehen und kommt erst nach dem Tod des Herodes nach Nazareth.	Bei Lukas kommt der Engel zu Maria nach Nazareth, obwohl Frauen wenig geachtet waren. Das Kind solle Jesus heißen und wird der Retter der Welt. Mit ihrem Verlobten Josef zieht Maria von Nazareth nach Bethlehem, wo das Kind ärmlich zur Welt kommt. Gleichzeitig erscheint den Hirten auf dem Feld ein Engel, der die Geburt des Retters ankündigt. Hirten waren damals ebenfalls nicht sehr geachtet. Die Hirten sind auch die Ersten, die verbreiten, wer dieses neugeborene Kind ist.

An welchem Ort kommt Jesus zur Welt?

Bei Matthäus hören wir: in einem Haus. Lukas dagegen erzählt, dass Jesus in einer „Herberge" bei den Tieren geboren wurde. Diese bot Reisenden mit ihren Karawanen außerhalb von Orten die Möglichkeit, sicher zu übernachten. Im oberen Stockwerk befanden sich kleine Schlafräume. Die meisten Reisenden schliefen bei ihren Tieren im unteren Bereich. Dort war immer etwas los. So versteht man besser, dass die Hirten die Botschaft von Jesu Geburt sofort an andere weitergeben konnten.

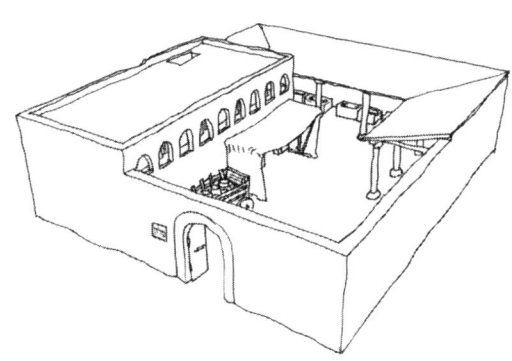

© Christian Günther 2011

An welchem Tag kam Jesus zur Welt?

Weihnachten wird am 24./25. Dezember, bei den orthodoxen Christen erst am 6./7. Januar gefeiert. Dies hängt mit unterschiedlichen Kalendern zusammen. An welchem Tag Jesus geboren wurde, ist unbekannt. Der Tag der Wintersonnenwende (25. Dezember) war bei den Römern dem „unbesiegten Sonnengott" (lateinisch: „sol invictus") geweiht, und es wurden die Saturnalien, ein Friedensfest für Arme und Sklaven, gefeiert. Viele Soldaten verehrten an dem Tag den persischen Gott Mithras.
Erst ab dem 4. Jahrhundert feierten die Christen Weihnachten auch an diesem Tag – nachdem das Christentum Staatsreligion geworden war.

Bild: sol invictus

☞ Dass die Christen den Feiertag übernahmen, hatte praktische und auch theologische Gründe. Recherchiere zu den angegebenen Festen und Gottheiten der Römer.

Die wunderbare Geburt großer Männer

Die Darstellung von Jesu Geburt erinnert an die anderer großer Männer damaliger Zeit. Julius Marathus, der Sekretär des Augustus, berichtet: Wenige Monate vor der Geburt habe sich in Rom ein Wunderzeichen zugetragen. Dies deutete darauf hin, dass die „Natur" dem römischen Volke einen großen König hervorbringen werde.

Darauf habe der bestürzte Senat beschlossen, dass kein in jenem Jahr geborenes Kind aufgezogen werden dürfe. Doch hielten die Senatoren, deren Frauen schwanger waren, die Umsetzung des Beschlusses auf. Schließlich hoffte jeder insgeheim, ihm selbst gelte die Verheißung.

Es wurde weiterhin erzählt, dass Atia, die Mutter des Augustus, um Mitternacht zu einem feierlichen Gottesdienst zum Apollontempel gekommen war. Sie sei in ihrer Sänfte eingeschlafen. Plötzlich kam eine Schlange zu ihr gekrochen und war wenig später wieder verschwunden. Zehn Monate später wurde ihr Augustus geboren. Daher hielt man ihn für einen Sohn Apollons.

Anlässlich des Geburtstages des Kaisers wurde in Priene (Kleinasien) folgende Inschrift angebracht:

> „Dieser Tag hat der Welt ein anderes Gesicht gegeben.
> Sie wäre verloren, wenn nicht in seiner Geburt für alle Menschen das Heil aufgestrahlt wäre.
> Endlich ist die Zeit vorbei, da man es bereuen musste, geboren zu sein.
> Zum Heil der Welt ist dieser Mensch mit solchen Gaben erfüllt, dass er uns und den kommenden Geschlechtern als Heiland gesandt ist.
> All Fehd hat nun ein Ende, alles wird er herrlich machen.
> Die Hoffnungen der Väter sind nun erfüllt. Unmöglich, dass je ein Größerer kommen könnte.
> Sein Geburtstag hat der Welt das Evangelium (wörtlich: ,gute Nachricht') beschert, das sich mit seinem Namen verbindet. Mit seiner Geburt beginnt eine neue Zeitrechnung."

☞ Vergleiche die biblischen Geburtsgeschichten (Mt 1,18-2,1-12 und Lk 1,26-2,14) mit der Geburt des Augustus.

☞ Dass in Lk 2,1 ausdrücklich Augustus erwähnt wird, ist nicht grundlos. Jesus und Augustus wurden als „Retter der Welt" bezeichnet. Wo liegt ihr Unterschied?

☞ Vergleiche die Geburt Jesu mit der Geburt des Mose (2. Mose 1,8-2,10). Welche Parallelen sind hier erkennbar?

☞ Was denkst du: Welche Rolle spielen solche Parallelen für den christlichen Glauben?

Bild: Augustus

Ich-bin-Worte Jesu

Die „Ich-bin-Worte" des Johannesevangeliums sind ein Zeugnis der ersten Christen. Sie drückten dadurch symbolisch aus, wer Jesus für sie war. Dabei wird auf Symbole zurückgegriffen, die für alle Menschen verständlich sind. Die Worte zeigen Jesu Einheit mit Gott und seine Hingabe für andere. Sie laden ein, diesem Jesus nachzufolgen.

☞ Überlege, was das Wort jeweils aussagt. Denke daran, dass Symbole eine unterschiedliche Bedeutung in sich tragen können.

☞ Schreibe deinen Kommentar hierzu nach rechts auf einem anderen Blatt weiter ...

Symbol	Ich-bin-Wort	Kommentar
	Ich bin das Brot des Lebens. Joh 6,35; vgl. 6,41.48.51	
	Ich bin das Licht der Welt. Wer mir nachfolgt, der wird nicht wandeln in der Finsternis, sondern wird das Licht des Lebens haben. Joh 8,12	
	Ich bin die Tür. Joh 10,7.9	
	Ich bin der gute Hirte. Der gute Hirte lässt sein Leben für die Schafe. Joh 10,11	
	Ich bin die Auferstehung und das Leben. Joh 11,25	
	Ich bin der Weg und die Wahrheit und das Leben; niemand kommt zum Vater denn durch mich. Joh 14,6	
	Ich bin der wahre Weinstock und mein Vater der Weingärtner. Joh 15,1	

Namen und Titel Jesu

Im Neuen Testament sind unterschiedliche Namen und Titel überliefert. Sie gehen teils auf den irdischen Jesus zurück. Manche sind jedoch eher der Gemeinde zuzuordnen, die Jesus verehrte und ihm nach der Auferstehung den „Titel" verlieh.

Ἰησοῦς
Χριστός

Jesus war ein damals gebräuchlicher Name. Jesus oder Jeschua (Josua) bedeutet „Gott hilft" und erinnert an Josua, den Nachfolger von Mose. In der Geburtsgeschichte (Lk 1; Mt 1) wird durch einen Engel festgelegt, dass das Kind so heißen soll.

Rabbi – so nannten ihn die Leute und seine Jünger („mein Lehrer", z.B. Mk 11,21). „Jünger" heißt Schüler. Vom Rabbi Jesus sind Lehrworte, Gleichnisse und Auslegungen der „Tora" in den Evangelien zusammengefasst.

Christus ist ein Ehrentitel, die griechische Übersetzung von Messias (der „Gesalbte"). Damit wird der König, aber auch der „Retter" Israels bezeichnet. Durch die Auferstehung erwies sich für die ersten Christen Jesus als der „Christus".

Sohn Davids weist darauf hin, dass Jesus aus der Familie von David stammt (Mt 1,1ff.). Die Menschen zur Zeit Jesu erwarteten, dass der Messias aus der alten Königsfamilie Davids kommen würde. Daher wird Jesus auch so benannt (Mt 21,9).

Herr (griechisch „Kyrios") ist ein Bekenntnis. Im Alten Testament wird nur Gott „Herr" genannt. So wird die enge Verbindung Jesu zu Gott ausgedrückt. Römische Kaiser beanspruchten diesen Titel für sich, doch die Christen sagten: Jesus ist „Herr aller Herren".

Erlöser/Heiland/Retter (griechisch: Soter) meint, dass durch Jesus Erlösung von irdischem Leiden kommt. Die Christen hoffen darauf, dass Jesus die Welt und die Menschen in eine gute Zukunft führt, die in „Gottes Reich" vor ihnen liegt.

Menschensohn knüpft an die Vorstellung vom Weltgericht im Buch Daniel an. Er ist eine himmlische Gestalt, die am Ende über die Welt herrschen wird. Jesus wird besonders dann mit Menschensohn benannt, wenn er Schuld vergibt. Zum Auftrag des Menschensohns gehört es aber auch, dass er leiden und sterben wird.

Sohn Gottes drückt seine Verbindung zu Gott aus. Jesus selbst nennt Gott „Vater" (aramäisch: „Abba" = „lieber Vater"). Der Zeitpunkt, ab wann er als Sohn gilt, ist unklar: Durch die Auferstehung (Röm 1,4), bei der Taufe (Mk 1), bei der Geburt (Mt 1-2; Lk 1-2) oder bereits vor der Geburt (vgl. Phil 2,6-11; Joh 1). Dass ein Fremder (römischer Hauptmann) Jesus als Gottes Sohn erkennt (Mk 15,39), zeigt seine Bedeutung.

☞ Was drücken die Namen und „Titel" Jesu alles aus?

☞ Lies Lk 2,10-11 und Mt 16,13b-16.
   Welche Titel Jesu werden hier angesprochen?

Messias – Gesalbter – Christus

Messias (hebr.) bedeutet „der Gesalbte" (griech. Christos). Für das Judentum bricht mit dem Messias Gottes Herrschaft als Reich des Friedens und der Gerechtigkeit an.
Der Titel erinnert an die Salbung der Könige im Alten Testament. Als wichtigster König wurde David angesehen (Bild). Seine Herrschaft galt als vorbildhaft. Der Messias sollte daher ein Nachkomme von König David sein.

☞ Lies 1. Sam 10,1 und 1. Sam 16,1.13.

Bild: Paula Jordan, König David (1950)

Später entwickelte sich die Hoffnung auf einen zukünftigen König, der auch die Funktion eines obersten Priesters hat. Er solle die Weltherrschaft innehaben und ein Reich des Friedens regieren:

☞ Lies: Jes 9,1-6; Jes 11,1-10; Sach 9,9-12.

Im antiken Judentum entwickelte man die Vorstellung vom Messias weiter.
In den sogenannten „Psalmen Salomos" erwartet man einen Herrscher, der mit politisch-militärischer Macht ausgestattet ist (Psalmen Salomos 17,21-39).

---

21 Sieh' darein, o Herr, und lass ihnen erstehen ihren König, den Sohn Davids, zu der Zeit, die du erkoren, Gott, dass er über deinen Knecht Israel regiere. 22 Und gürte ihn mit Kraft, dass er ungerechte Herrscher zerschmettere, Jerusalem reinige von den Heiden, die es kläglich zertreten! Weise und gerecht treibe er die Sünder weg vom Erbe, zerschlage des Sünders Übermut wie Töpfergefäße ... 26 Dann wird er ein heiliges Volk zusammenbringen, das er mit Gerechtigkeit regiert, und wird richten die Stämme des vom Herrn, seinem Gotte, geheiligten Volks.
27 Er lässt nicht zu, dass ferner Unrecht in ihrer Mitte weile, und niemand darf bei ihnen wohnen, der um Böses weiß; denn er kennt sie, dass sie alle Söhne ihres Gottes sind ...
29 Er richtet die Völker oder Stämme nach seiner gerechten Weisheit.
37 Auch wird er nie in seinem Leben strauchlen gegen seinen Gott; denn Gott hat ihn stark gemacht an heiligem Geist und weise an verständigem Rat mit Tatkraft und Gerechtigkeit.
38 So ist des Herrn Segen mit ihm voll Kraft, und er wird nicht strauchlen.
39 Seine Hoffnung steht auf den Herrn: wer vermag da etwas gegen ihn?

☞ Welche Eigenschaften und Taten werden im Alten Testament und hier mit dem Messias in Verbindung gebracht? Fasse die wichtigsten Aussagen zusammen! Achte besonders auf die Erwartungen, die mit dem Messias verbunden sind.

☞ Welche Gründe kann es geben, dass man im Judentum auf einen anderen Heilsbringer wartet.

Jesus als Christus (Messias)

*„Du bist Christus,
des lebendigen Gottes Sohn."*

Mt 16,16

Dieses Bekenntnis des Petrus zeigt die Erwartung vieler Menschen zur Zeit des Neuen Testaments. Sie erwarteten einen Messias, der das Volk Israel von der Fremdherrschaft der Römer befreit und der Gottes Herrschaft aufrichten würde. Die ersten Christen sahen die messianische Hoffnung des Judentums in Christus erfüllt. Im Rückblick auf den Tod und die Auferstehung Jesu gaben die Christen dem Titel dann einen neuen Sinn. Durch Jesus bricht die Herrschaft Gottes an und ändern sich die Verhältnisse. Gleich zu Beginn des Neuen Testaments stellt Matthäus daher Jesus als Nachkomme Davids vor.

Der Titel „Christus", Gesalbter, ist schließlich zum Eigennamen Jesus Christus verschmolzen. Die Anhänger Jesu nannten sich Christen.

Die griechischen Buchstaben X (= Ch) und P (= R) sind ein wichtiges Symbol der ersten Christen. Es findet sich besonders auf Gräbern und Sarkophagen, um zu zeigen: In Jesus Christus hat Gott den Tod besiegt. Er kann auch uns helfen, den Tod zu überwinden.

Bild: Christusmonogramm (Rom um 320)

☞ Lies folgende Texte und überlege, was sie über Jesus als den „Christus" aussagen:

Mt 2,1-23	Mt 9,27-31	Mt 15,21-28
Mt 16,13-17	Mt 21,1-11	Mk 8,27-33

☞ In Phil 2,5-11 steht ein Christuslied – wie stellt das Lied Jesus als den Christus dar und was sagt es über ihn aus?

☞ Vergleiche die Aussagen des Neuen Testaments mit den Erwartungen aus dem Alten Testament (1 Sam 10,1; 1 Sam 16,1-13; Jes 9,1-6; Jes 11,1-10; Sach 9,9-12). Welche der Aussagen passen zusammen, wo gibt es Unterschiede?

☞ Was bedeutete es für die Menschen damals, dass sie Jesus als Messias sahen? Inwiefern kann dieser Titel auch heute noch etwas aussagen?

Jesus als Sohn Gottes

„Wahrlich, dieser Mensch ist Gottes Sohn gewesen."

Mk 15,39

Dass ein Fremder (römischer Hauptmann) Jesus als Gottes Sohn erkennt (Mk 15,39), zeigt die Bedeutung dieses Titels über die enge Gemeinschaft der Jünger hinaus.

In der Antike gibt es das Bild des Gottessohnes in vielen Kulturen. Pharaonen sahen sich als Sohn des Gottes Amun, Alexander der Große ließ sich als Sohn des Zeus verehren und in Augustus sah man den Sohn des Gottes Apollon, der sich ab 27 v.Chr. „Sohn Gottes" nennen lässt.

Im Alten Testament wird das Volk Israel als „Sohn Gottes" (Hos 11,1) bezeichnet, manchmal auch einzelne Personen (Ps 2,7). Wenn Jesus im Neuen Testament als „Sohn Gottes" bezeichnet wird, dann drückt das seine enge Verbindung mit Gott aus. Im Vaterunser nennt Jesus Gott „Vater" (aramäisch: „Abba" = „lieber Vater"). Seine Worte und Gleichnisse erzählen über Gottes neue Welt. Ob allerdings Jesus selbst sich als „Sohn Gottes" bezeichnet hat, ist unklar. Jedenfalls gehört das Bekenntnis „Jesus Christus – Gottes Sohn – Retter" zu den ältesten Formeln des Christentums (Symbol: Fisch). Ab wann Jesus „Gottes Sohn" ist, wird al-

lerdings im Neuen Testament unterschiedlich beantwortet. Nach Röm 1,3f. hat sich Jesus durch seine Auferstehung als „Sohn Gottes" erwiesen. Bei Markus wurde er durch die Taufe von Gott zum Sohn „adoptiert".

Matthäus und Lukas setzen die Geburt als Zeitpunkt fest, ab dem Jesus zum „Sohn Gottes" wurde. Bei Johannes (Joh 1,1ff.) und in den Briefen (Phil 2,6-11; Gal 4,4; Röm 8,3) steht Jesus bereits vor seiner Geburt in enger Verbindung zu Gott.

Bild: Trinität (Bremer Dom)

☞ Fasse kurz zusammen, was folgende Texte über Jesus als Sohn Gottes sagen:

Röm 1,3-4	Mk 1,9-13
Mk 14,61-64	Mk 15,30
Mt 1,18-25	Mt 16,13-16
Lk 1,26-38	Joh 1,1-5
Joh 3,16-18	

☞ Wie kann man heute verständlich machen, was der Titel „Sohn Gottes" bedeutet?

Jesus als Retter, Erlöser, Heiland

*„… denn euch ist heute
der Heiland geboren,
welcher ist Christus,
der Herr,
in der Stadt Davids."*

Lk 2,11

Einer der bekanntesten Sätze der Bibel beschreibt Jesus als den „Heiland". Wie eines der ersten Glaubensbekenntnisse, das in Form eines Fisches dargestellte „Jesus Christus – Sohn Gottes – Retter", ist hier vom „Retter" (griech.: „Soter") die Rede. So erhoffte man sich Erlösung vom irdischen Leid (daher „Erlöser") und das Heil auf Erden (daher „Heiland"). Große Teile der Bevölkerung waren arm und wurden ungerecht behandelt. Gerade die Menschen, die am Rand der Gesellschaft standen, sehnten sich nach einem, der die Verhältnisse ändert. Dass die Römer große Teile des Landes besetzt hielten, verstärkte die Sehnsucht nach einem Retter. Viele erhofften sich, dass dieser Retter das Volk eint und das Land befreit.

Verbunden mit dem Begriff „Herr" sahen die frühen Christen in Jesus den wahren Herrscher der Welt, der diese in das wahre Reich, das Reich Gottes führt. Dieses hat schon begonnen, doch seine Vollendung steht noch aus. So ist mit dem Titel „Retter", „Erlöser", „Heiland" besonders die Hoffnung auf eine gute Zukunft verbunden.

Bild: Julius Schnorr von Carolsfeld (um 1860)

☞ Lies die Weihnachtsgeschichten Mt 1,18-2,12 und Lk 1,26-2,21. Hier ist mehrfach vom „Retter" die Rede. Fasse zusammen, wie davon gesprochen wird.

☞ Wie nimmt das Weihnachtslied „Macht hoch die Tür …" (EG 1) das Motiv vom Retter der Welt auf?

☞ Was verstehst du unter …

Erlösung

Jesus als Herr und Weltherrscher

„Maranatha!
Die Gnade unseres Herrn Jesus
sei mit euch!"

1 Kor 16,22-23

Der Ausruf „Maranatha" (aramäisch: „Unser Herr, komm!") und die Zusage der Gegenwart Jesu sind ein Zeugnis der frühen Christen.

Der Titel „Herr" (Kyrios) war in der Antike die Anrede an eine höher gestellte Person und Zeichen der Unterwerfung. Die Griechen und Römer redeten ihre Götter als „Herren" an. Die Kaiser in Rom beanspruchten diesen Titel für sich und wollten als Gott verehrt werden. Dagegen wird im Alten Testament Gott allein „Herr" genannt. Somit ist es für Menschen aus dem jüdischen Kontext ein Bekenntnis, wenn Jesus „Herr" genannt wird. Für die ersten Christen war in Jesus Gott den Menschen nahe gekommen. Jesus erzählte von Gottes Reich und ließ sie durch seine Taten spüren, wie die Welt unter Gottes Herrschaft aussehen wird. Gegenüber allen heidnischen Göttern und Herrschern wird also betont: Jesus ist der „Herr aller Herren".

Ein weiterer Aspekt ist: Christen erwarteten, dass Jesus bald wiederkommt und das Reich Gottes auf Erden vollendet. Daher grüßten sich die ersten Christen mit dem Begriff „Maranatha!" Daraus entwickelte sich das Motiv des „Pantokrators", des „Weltherrschers". In der Kunst des oströmischen Reiches (Byzantinische Kunst) war dies zwischen dem vierten und dem 15. Jahrhundert besonders verbreitet. In Kuppeln und Altarräumen (Apsiden) von Kirchen findet sich dort, wo sich ursprünglich in einer „Basilika" der Thron des Kaisers befand, das Bild des Weltherrschers.

Bild: Pantokrator (Cefalu/Italien)

☞ Im Alten Testament gab es in früher Zeit eine Gegenbewegung gegen weltliche Könige. Lies hierzu 1 Sam 8 und fasse die Gründe zusammen, die der Prophet Samuel gegen das Königtum anführt.

☞ Welchen Eindruck machte wohl die Darstellung von Jesus als Weltherrscher auf Menschen damals?

☞ Hinter dem Anspruch des Weltherrschers steckt auch ein politischer Anspruch. Wie siehst du die Verbindung von Christentum und Politik?

Jesus als Menschensohn und Richter

„Wenn aber der Menschensohn kommen wird in seiner Herrlichkeit, und alle Engel mit ihm, dann wird er sitzen auf dem Thron seiner Herrlichkeit, und alle Völker werden vor ihm versammelt werden."

Mt 25,31-32

Jesus wird mehrfach im Neuen Testament mit dem „Menschensohn" in Verbindung gebracht. Dies knüpft an die Vorstellung vom Weltgericht aus dem Buch Daniel an (Dan 7,13ff.) Der Menschensohn ist hier eine himmlische Gestalt, die am Ende aller Tage über die Welt herrschen wird.

Jesus hat von einem Menschensohn gesprochen und sich mit ihm mehrfach in Beziehung gesetzt. Für die Christen war nach Ostern klar, dass Jesus selbst dieser Menschensohn war. Vom Wirken des Menschensohns wird berichtet, wenn Jesus Schuld vergibt, souverän über Gebote spricht (beispielsweise das Schabbatgebot) oder gekommen ist, „um die Verlorenen zu suchen".

Der Menschensohn wird von Gott beauftragt, die Welt zu verändern und ein neues Reich – das Reich Gottes – einzuleiten. Zum Auftrag des Menschensohns gehört es aber auch, dass er leiden und sterben wird. Am Ende der Zeit ist er Richter der Ungerechten und Erlöser der Gerechten. Diese Vorstellung kann tröstlich sein, sie kann aber auch bedrohlich wirken, wenn man sich das Gericht vor Augen hält. Im Mittelalter entwickelte sich das Bild des Weltenrichters Jesus. Am Ende der Zeit, wenn alle Gräber sich auftun, wird er die Menschen richten – mit dem Schwert als Zeichen für die Strafe und der Lilie als Zeichen für die Gnade. Die Angst davor, im Gericht in die Hölle oder in eine Zwischenwelt, das Fegefeuer, zu kommen, führte Menschen wie Martin Luther dazu, ins Kloster zu gehen oder anders Buße zu tun.

Bild: Weltchronik des Hartman Schedel (1493)

☞ Fasse die biblischen Visionen dessen zusammen, was am Ende der Zeit und im Weltgericht geschehen soll:

- Dan 7,13-28

- Mt 25,31-33

- 1 Kor 15,50-53

- Off 20,11-15

☞ Welche Wirkung kann die Vorstellung vom Weltgericht auf Menschen haben? Denke dabei auch an die Reformation und Martin Luthers Lebensgeschichte.

☞ Inwiefern kann die Vorstellung vom Gericht auch befreiend und entlastend sein? Bedenke dabei, dass Christus bzw. Gott richtet und nicht Menschen.

Jesus als Lamm Gottes

„Siehe, das ist Gottes Lamm, das der Welt Sünde trägt."
Joh 1,29, Luther 2017

Christus als Lamm Gottes (lateinisch: agnus dei) ist eines der weit verbreiteten Symbole für Jesus Christus. Das weiße Lamm ist ein Zeichen der Unschuld und Reinheit, aber auch des Lebens. Dargestellt mit der Siegesfahne symbolisiert es den Sieg über den Tod in der Auferstehung.

Die Vorstellung von Jesus als Lamm bezieht sich auf das Lamm als Opfertier im Alten Testament (siehe 2 Mose 12).

Bei Jesaja (Jes 52,13ff., besonders 53,7) wird das Opferlamm auf einen Menschen bezogen, der sich opfert oder zum Opfer fällt.

Im Neuen Testament greift besonders das Johannesevangelium diesen Gedanken auf. So wird berichtet, dass Johannes der Täufer über Jesus sagte: Jesus sei das Lamm Gottes, das die „Sünde der Welt" hinwegnimmt (Joh 1,29.36). Auch Paulus bezeichnet Jesus als Passalamm, das schon geopfert ist (1 Kor 5,7). Schließlich kennzeichnet die Offenbarung des Johannes Jesus als das Lamm, das das Geschehen am Ende der Zeit in Gang setzt (Off 5,6ff.). Am Ende sind Gott und das „Lamm" Zentrum des „Neuen Jerusalem" – der neuen Welt Gottes.

In der christlichen Tradition entwickelte sich die Vorstellung, dass Jesus durch den Opfertod die Sünden der Menschen auf sich nimmt. Er soll im Abendmahl, nach römisch-katholischer Lehre im Wein als Blut Christi gegenwärtig sein. Das Lied „Agnus Dei" wird auch in der lutherischen Kirche nach den Einsetzungsworten gesungen:

> *„Christe du Lamm Gottes*
> *Der du trägst die Sünd der Welt*
> *Erbarm dich unser/*
> *Gib uns deinen Frieden."*

Durch dieses Lied wird der im Abendmahl gegenwärtige Herr angebetet, dessen Leib und Blut in Brot und Wein zur Vergebung der Sünden empfangen wird.

☞ Lies Jes 52,13-53,12 (besonders 53,4-12) und überlege, in welcher Beziehung die Aussagen zur Vorstellung von Jesu Opfertod stehen.

☞ Fasse zusammen, was in Joh 1,29.36 sowie in folgenden Bibeltexten über das „Lamm Gottes" steht und vergleiche diese Aussagen mit denen Jesajas:

Joh 12,20-43	1 Kor 15,3	Eph 5,2
Röm 3,25f.	Röm 4,25	Hebr 9,14

☞ Jesus als Lamm und Opfer?
Welche Probleme kann dieses Bild im Verständnis der Person Jesu auslösen?

☞ Welches Gottesbild kann aus dieser Vorstellung entstehen?

Jesus in Symbolen

Ein Symbol ist ein Sinnbild, das eine Aussage in sich trägt.
Zu Jesus gibt es viele Symbole:

Der Fisch (griechisch ICHTHYS)

ist eines der ersten und wichtigsten Symbole für Jesus.
Das Wort war ein „Geheimcode" und eines der ersten
Bekenntnisse der Christen: Jesus Christus ist der Sohn
Gottes, unser Erlöser. Christen drückten so aus, wie sie
Jesu Wirken und seine Gegenwart verstehen.
Auch heute noch ist das Symbol weit verbreitet.

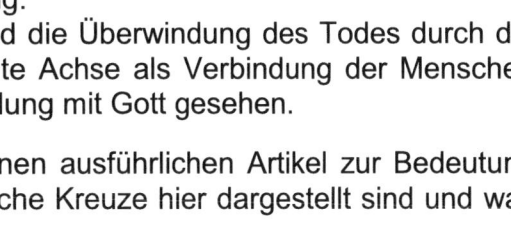

I (J)   = Iesous
X (Ch) = Christós
Θ (Th) = Theoú (Gottes)
Y (Hy) = Hyiós (Sohn)
Σ (S)   = Sotér (Erlöser)

Das Kreuz ist heute das Symbol des Christentums.
Erst ab dem 5. Jahrhundert gewann es an Bedeutung.
Es symbolisiert zunächst Jesu Tod und Sterben und die Überwindung des Todes durch die
Auferstehung. Symbolisch wird auch die waagrechte Achse als Verbindung der Menschen
untereinander und die senkrechte Achse als Verbindung mit Gott gesehen.

☞ Unter de.wikipedia.org/wiki/Kreuz findet man einen ausführlichen Artikel zur Bedeutung
des Kreuzes im Christentum. Finde heraus, welche Kreuze hier dargestellt sind und was
es damit auf sich hat:

Weitere Symbole für Jesus sind:

☧	Das **Staurogramm** als Symbol für Jesus geht zurück auf die griechischen Buchstaben T (T) und P (R) = „STauRos" (Pfahl, Kreuz).
☧	**Christusmonogramm:** Jesus ist Christus (griechische Übersetzung von Messias, „der Gesalbte": Χριστός). Grundlage sind die griechischen Buchstaben X (Ch) und P (R) = CHRistus. Es wird seit dem 2. Jh. verwendet. Manche interpretieren das Monogramm auch mit den lateinischen Buchstaben PAX (= Frieden).
JHS	Das sogenannte **Jesusmonogramm** zeigt die griechischen Buchstaben „J E S" für „JEsuS". Die Kurzform wurde in Bibelhandschriften verwendet.
IC XC NIKA	**IC XC NI KA** ist ein verbreitetes Christogramm aus dem orthodoxen Bereich. Es bedeutet: „Jesus Christus ist der Sieger."
♒	Jesus betete darum, dass der **Kelch** an ihm vorübergehe (Mt 26,39). Der Kelch ist Symbol des Opfers, des Leidens und der Liebe Gottes. Gemeinsam mit dem Brot ist der Kelch auch Zeichen des Abendmahls.
🐑	Das **Lamm** ist ein Opfertier. Um Gott um Vergebung zu bitten, wurde es geopfert. Da Jesus als Gottes Lamm gesehen wurde, „das der Welt Sünde trägt" (Joh 1,29, siehe auch 1 Kor 5,7), wurde das Lamm zum Sinnbild Jesu.
⚓	Der **Anker** wird mit Jesu Kreuz in Verbindung gebracht. Die Bedeutung ist: „Gott gibt in Jesus Halt in den Stürmen des Lebens."

Mit Symbolen den Weg Jesu gestalten

Das Friedenskreuz von Ulrich Walter stellt in Symbolen zentrale Aussagen über die Bedeutung Jesu dar. Seine Symbole erinnern an die Geschichten, die die Menschen mit Jesus in Galiläa und in Jerusalem erlebt haben. Sie zeigen aber auch: Gott hat Jesus vom Tod erweckt. Im Leiden und Sterben hat Jesus den Tod besiegt. Er ist der, auf den die Menschen gehofft haben, der Messias, der Friedenskönig. Seit Ostern ist das, was Jesus getan und geredet hat, für alle Menschen von Bedeutung.

☞ Vergrößere das Friedenskreuz und gestalte es in Farben: hellgelb (Stern), Altgold (Kronenteile), hellrot (Haus), hellblau (Taube), dunkelrot (Weinkrug), dunkelblau (Wellen), braun (Brotteile links und rechts vom Stern). Dann schneide die einzelnen Teile aus und klebe sie auf ein Blatt (die vier Teile oben über dem Stern werden zur Krone, die beiden Hälften des Kreuzbalkens bilden ein Brot).

☞ Schreibe zu den Symbolen, an welche Geschichten aus den Evangelien sie dich erinnern. Bei manchen können es mehrere Stationen aus dem Leben Jesu sein (z. B. bei der Krone kann man an die Verkündigung der Engel an die Hirten denken: „Der Heiland, der Friedenskönig ist geboren!", aber auch an den Einzug Jesu in Jerusalem). Du kannst hierzu auch ein Bibellexikon verwenden (Anhang der Bibel, Internet, z.B. www.wibilex.de).

Krone	
Stern	
Wasser	
Taube	
Haus	
Brot	
Weinkrug	

Wahrer Mensch und wahrer Gott

Nach dem Tod Jesu fragten sich seine Anhänger: In welchem Verhältnis stand Jesus zu Gott? Für Paulus (um 55 n.Chr.) erwies sich Jesus durch die Auferstehung als Gottes Sohn (Röm 1,4). Für Markus (um 70 n.Chr.) wird Jesus in der Taufe von Gott „adoptiert" (Mk 1). Matthäus und Lukas (um 80 n.Chr.) beschreiben: Schon bei der Geburt ist Jesus Gottes Sohn (Mt 2; Lk 2). Und Johannes sagt, bereits vor der Geburt war das „Wort" (= Jesus) bei Gott (Joh 1). Ein erster Schritt, Jesus selbst als Gott zu bezeichnen war, dass man ihn „Kyrios" („Herr", Joh 20,28)

Ikone „Vaterschaft"
(Russland, 14. Jh.)

nannte. Damit pflegte man im Griechischen den hebräischen Gottesnamen „JHWH" zu übersetzen. Dann finden sich im Neuen Testament Formeln, die Jesus in einem Atemzug mit Gott, dem Vater, nennen. Auch wird der Heilige Geist als Erscheinungsweise Gottes erwähnt. Eine ausgeführte Lehre der Dreieinigkeit von Vater, Sohn und Heiliger Geist (Trinitätslehre) enthält die Bibel noch nicht. Die Frage nach dem Verhältnis von Gott und Jesus war jedoch eines der wichtigsten Themen der frühen Christen.

Folgende Richtungen gab es im frühen Christentum:

- *Adoptianismus:* Jesus wurde bei der Taufe von Gott als Sohn „adoptiert". Problem: Waren nicht dann auch andere Personen in der Bibel „Söhne Gottes"?
- *Doketismus:* Jesus hatte nur einen Scheinleib (dokein = scheinen), er litt folglich nicht wirklich am Kreuz. Problem: Die Abwertung alles Materiellen, die hinter dieser Auffassung steht, ist unbiblisch.
- *Modalismus:* Jesus war „nur" eine Erscheinungsweise des einen Gottes. Problem: Hat dann etwa Gott am Kreuz gelitten?
- *Subordinatianismus:* Der Sohn ist dem Vater untergeordnet. Problem: Ist Jesus nur ein „Gott zweiter Klasse"?
- *Monophysitismus:* Jesus hat nur eine Natur (monos = einzig, physis = Natur), nämlich eine göttliche. Problem: Monophysiten (wie heute noch die ägyptischen Kopten) nehmen das konkrete Menschsein Jesu nicht ernst.

Lange stritt man um diese Fragen und berief Konzilien (Kirchenversammlungen) ein. In Nizäa (325) und Konstantinopel (381) entstanden Glaubensbekenntnisse, die besagen:
- Jesus ist zugleich „wahrer Gott und wahrer Mensch" („Zwei-Naturenlehre").
- Vater, Sohn und Heiliger Geist sind vom „Wesen" her im Vollsinn des Wortes Gott. Sie unterscheiden sich nur hinsichtlich ihrer „Erscheinungsweisen" („Hypostase").

☞ Lies Mt 1,18, Joh 14,26-27, Phil 2,6-11; 1 Kor 8,6ff.; Mt 28,19; Joh 1,1; Kol 1,15.
Wie sehen diese Texte das Verhältnis Jesu zu Gott und dem Heiligen Geist?

☞ Recherchiere zu den Begriffen „Trinität" und „Zwei-Naturenlehre".
Was denkst du über das Verhältnis von Gott und Jesus?

Jesus im Glaubensbekenntnis

Das christliche Glaubensbekenntnis entstand über einen Zeitraum von vierhundert Jahren.
Die ersten Bekenntnisse, die auf die Frage „Wer ist Jesus" Antwort gaben, waren die „Titel" Jesu im Neuen Testament sowie die Formel „Jesus Christus – Gottes Sohn – Retter", dargestellt im Symbol des Fisches.
Um das Jahr 130 entstand mit dem „Romanum" ein ausführlicheres Bekenntnis. Doch nun kam es zur Frage nach der „Natur" Jesu. Manche behaupteten: Jesus hat allein eine göttliche Natur – er ist also kein wahrer Mensch gewesen.
Andere behaupteten, Jesus sei nur Mensch gewesen und habe nichts Göttliches an sich.
Dagegen formulierte das Konzil von Calcedon im Jahre 451 das Apostolische Glaubensbekenntnis, das Jesus als „wahren Menschen" und als „wahren Gott" bekennt:

> Ich glaube an Gott,
> den Vater, den Allmächtigen;
> und an Jesus Christus, seinen Sohn,
> den Einziggeborenen, unseren Herrn,
> der geboren ist aus Heiligem Geist und Maria, der Jungfrau, der unter Pontius Pilatus gekreuzigt und begraben wurde,
> am dritten Tag
> auferstanden von den Toten,
> aufstieg in den Himmel, zur Rechten des Vaters sitzt, von dannen er kommen wird,
> zu richten die Lebenden und die Toten;
> Und an den Heiligen Geist,
> die heilige Kirche,
> die Vergebung der Sünden,
> des Fleisches Auferstehung.
>
> Romanum (125-135)

und an Jesus Christus,
seinen eingeborenen Sohn, unseren Herrn,
empfangen durch den heiligen Geist,
geboren von der Jungfrau Maria,
gelitten unter Pontius Pilatus,
gekreuzigt, gestorben und begraben,
hinabgestiegen in das Reich des Todes,
am dritten Tage auferstanden von den Toten,
aufgefahren in den Himmel;
er sitzt zur Rechten Gottes, des allmächtigen Vaters,
von dort wird er kommen,
zu richten die Lebenden und die Toten.

☞ Ordne damals gestellte Fragen den Aussagen des Credo zu:
- *Wie ist Jesu Verhältnis zu Gott?*
- *Ist er ein wahrer Mensch, also eine historische Gestalt?*
- *Wie ist Jesu Verhältnis zum Tod?*
- *Ist Jesus ein wahrer Gott?*
- *Welche Aufgabe hat Jesus heute und in Zukunft?*

☞ Vergleiche diesen Text mit anderen Glaubensbekenntnissen. Du findest sie im Internet, etwa bei www.ekd.de oder bei Wikipedia.

Trinität, Jeronimo Cosida (1570)

Jesus – einer für viele?

In Jesus finden sich viele Menschen wieder – so vielfältig ist sein Erscheinungsbild.

☞ Wie greift folgende Karikatur dies auf?

☞ Was kannst du alles auf dem Bild entdecken? Stichworte hierzu:
Karneval – Herrscher – Nationalsozialisten – Marxisten – Revolutionäre –
Hippies – Schwarze.

☞ Welche Überschrift würdest du der Karikatur geben?

Jesus im Judentum

Nach dem verlorenen Aufstand der Juden gegen die Römer (70 n.Chr.) und der Zerstörung des Tempels grenzten sich Judentum und Christentum gegeneinander ab. Bereits die Evangelien nahmen antijüdische Aussagen auf, die aus dieser Phase stammen. Der jüdische Talmud, eine Lehrschrift, beschrieb Jesus als falschen Propheten, dessen Vater ein römischer Legionär gewesen sei. Jesu Herkunft von David und seine Messianität wurden daher bestritten. Im Mittelalter bis in die Neuzeit kam es auf christlicher Seite zu Antisemitismus und Verfolgung. Dass Jesus ein Jude war, wurde sogar bestritten.

Erst seit wenigen Jahren entdeckte man neu, was es heißt, dass Jesus ein Jude war. Bis heute findet man nur wenige Kinderbibeln, in denen Jesus mit einem Gebetsschal dargestellt wird, wenn er betet. Bei christlichen Theologen ist jedoch das Interesse an der „Religion Jesu" groß. Auch auf jüdischer Seite nähern sich Religionswissenschaftler wie Martin Buber, David Flusser, Pinchas Lapide und Schalom ben Chorin der Person Jesus an. David Flusser ging 1968 sogar so weit zu sagen: Das Christentum ist eine jüdische Religion.

Bild: Landgraf/Göhlich, Kinderlesebibel © V&R 2011

☞ Nur wenige Bibelbilder stellen Jesus als Juden dar. Woran könnte das liegen?

☞ Zwei Texte zeigen, wie im Judentum neu über die Person Jesu nachgedacht wird. Unterstreiche die wichtigsten Aussagen und diskutiere sie mit anderen.

„Jesus habe ich von Jugend auf als meinen großen Bruder empfunden. Dass die Christenheit ihn als Gott und Messias angesehen hat und ansieht, ist mir immer als eine Tatsache von höchstem Ernst erschienen, die ich um seinet- und um meinetwillen zu begreifen suchen muss (…) Gewisser als je ist mir, dass ihm ein großer Platz in der Glaubensgeschichte Israels zukommt und dass dieser Platz durch keine der üblichen Kategorien umschrieben werden kann."

Martin Buber

„Jesus ist für mich der ewige Bruder, nicht nur der Menschenbruder, sondern mein JÜDISCHER BRUDER. Ich spüre eine brüderliche Hand, die mich fasst, damit ich ihm nachfolge. Es ist NICHT die Hand des Messias, diese mit den Wundmalen gezeichnete Hand. Es ist bestimmt KEINE GÖTTLICHE, sondern eine MENSCHLICHE Hand, in deren Linien das tiefste Leid eingegraben ist. Das unterscheidet mich, den Juden, vom Christen, und doch ist es dieselbe Hand, von der wir uns angerührt wissen. Es ist die Hand eines großen Glaubenszeugen in Israel. Sein Glaube, sein bedingungsloser Glaube, das schlechthinnige Vertrauen auf Gott, den Vater, die Bereitschaft, sich ganz unter den Willen Gottes zu demütigen, das ist die Haltung, die uns in Jesus vorgelebt wird und die uns – Juden und Christen – verbinden kann: Der Glaube Jesu einigt uns, habe ich andernorts gesagt, aber der Glaube an Jesus trennt uns."

Schalom Ben-Chorin

Jesus im Islam

Jesus wird arabisch „Isa" genannt. Er wird an 28 Stellen, in 15 von 114 Suren des Korans erwähnt – meist mit dem Zusatz: „ibn-Maryam" („Sohn der Maria"), wodurch seine menschliche Herkunft betont wird. Mehrfach wird Jesus als Messias (al-Masih) bezeichnet. Der ursprüngliche Hoheitstitel „Gesalbter" hat sich dabei zum Eigennamen entwickelt.

Der streng monotheistische Islam lehnt es ab, Jesus als Sohn Gottes oder gar als Gott zu verehren. Folglich wird auch die christliche Vorstellung der Dreieinigkeit von Vater-Sohn-Heiligem Geist (Trinität) verurteilt. Allerdings gilt Jesus im Islam als wichtiger Prophet (Nabi), der schon vor dem Kommen Mohammeds den einen Gott verkündigt hat.

In Sure 19,16-33 wird seine Geburt dargestellt und eine jungfräuliche Empfängnis vorausgesetzt. Gott erschafft seinen Gesandten (Rasul) im Leib Marias ganz ohne menschliches Zutun. Josef als Ziehvater Jesu wird nicht erwähnt. In dieser Sure finden sich Reden des Knaben Jesus, die möglicherweise auf ein Evangelium zurückgehen, das nicht ins Neue Testament aufgenommen wurde. Jesus wird demnach „das Buch" bringen, womit die „Frohe Botschaft des Evangeliums" (Indschil) gemeint ist. Indem Jesus die Menschen ermahnt zu beten und den Schwachen zu helfen, schärft er zwei religiöse Pflichten ein, die zu den „Fünf Säulen des Islam" gehören. Auch im Koran vollbringt Jesus Wunder. Bemerkenswert ist, dass der Koran von keiner Verfehlung Jesu weiß. Jesu Botschaft wendet sich zunächst an das Volk Israel und sammelt einen Kreis von Jüngern um sich, über die aber keine Details berichtet werden.

Nach islamischer Auffassung ist Jesus aber nicht am Kreuz gestorben, sondern „es wurde ihnen (den Juden) nur der Anschein erweckt" (Sure 4:157). Diese unklare Formulierung wird von manchen so verstanden, dass Jesus eines natürlichen Todes gestorben ist. Gekreuzigt worden sei ein Doppelgänger. In Kaschmir (Nordindien) wird von Muslimen ein Grab verehrt, in dem Jesus beigesetzt worden sein soll. Er soll demnach nach seiner Kreuzigung nach Indien gezogen sein. Wieder andere meinen, Jesus sei direkt in den Himmel aufgenommen worden. Die Vorstellung einer Auferweckung wird damit hinfällig, besitzt für Muslime jedenfalls ebenso wenig Heilsbedeutung wie das Kreuz.

☞ Suche im Koran (beispielsweise im Internet) nach folgenden Suren: Sure 3,48-51 – Sure 4,171-172 – Sure 5,72-75 – Sure 19,16-35. Stelle Gemeinsamkeiten und Unterschiede zwischen dem Jesusbild der Bibel und des Koran in einer Tabelle zusammen.

☞ Welche Themen könnten in einem Streitgespräch über Jesus zwischen einem Muslim und einem Christ eine Rolle spielen?

Bild: Jesu Bergpredigt (Persien, o.J.)

Jesus in Asiens Religionen

Jesus Christus und Buddha (Siddhartha Gautama) waren historische Personen mit einer unverwechselbaren Biografie, auch wenn ihre Lebensgeschichten Unterschiede aufweisen. Siddhartha wuchs im Palast seines Vaters, eines indischen Fürsten, auf. Seine Eltern hielten ihn von allem Leid fern. Das wirkliche Leben lernte er erst bei seinen „vier Ausfahrten" kennen, wo er Alter, Krankheit und Tod begegnete. Von da an war ihm klar: „Alles Leben ist Leiden." Meditierend fand er den Ausweg aus dem ewigen Kreislauf der Wiedergeburten: Nur wer fähig ist, loszulassen, wird erlöst.

Jesus wuchs hingegen in ärmlichen Verhältnissen auf, als Sohn eines Handwerkers. Als Jude hat er den Weg der Erlösung im Leben mit den Geboten Gottes gesucht. Auch ihm wurde deutlich, dass es Wichtigeres gibt als menschliches Tun, nämlich das Vertrauen in die vergebende Gnade Gottes.

Buddhistische Gelehrte wie der in Frankreich lebende Mönch Tich Nhat Hanh betonen, dass beide Religionsstifter nach ihrer „Berufung" die Einsamkeit gesucht haben, um zu beten und zu meditieren. Jesus sei daher für Buddhisten ein Vorbild und ein spiritueller Lehrer. Er habe den Menschen vorgelebt, wie man eins wird mit dem „Grund des Seins":

„Wenn wir in Kontakt mit dem höchsten Geist in uns selbst sind, sind auch wir ein Buddha, vom Heiligen Geist erfüllt, und wir werden überaus duldsam, überaus offen, überaus tief und überaus verständnisvoll."

Jesu Ideal der selbst gewählten Armut, der Friedfertigkeit und des Gewaltverzichts erinnert Buddhisten an die Mahnung Siddharthas zur „Achtsamkeit". Allerdings können Buddhisten wenig mit der Vorstellung eines personalen Schöpfergottes anfangen. Dass Jesus am Kreuz für die Sünden der Menschen gestorben sei, halten sie für „ein qualvolles Bild", das „keine Freude und keinen Frieden" vermittle und das deshalb Jesus „nicht gerecht" werde.

Dass Jesus als „Gottes Sohn" bezeichnet wird, kann man aus buddhistischer Sicht nachvollziehen, solange man festhält, dass letztlich *alle* Menschen Kinder Gottes sind. Wie weit die Wertschätzung Jesu im Buddhismus gehen kann, zeigt ein Zitat des Dalai Lama, der meint, Jesus sei „entweder ein vollerleuchtetes Wesen" (also ein Buddha!) „oder ein Bodhisattwa von sehr hoher spiritueller Verwirklichung" und damit ein Repräsentant der göttlichen Wirklichkeit gewesen.

☞ Stelle Beziehungen her zwischen dem Text und dem Bild des indischen Künstlers. Welchen Titel würdest du dem Bild geben?

☞ Vergleiche Leben und Lehre der beiden Religionsstifter miteinander. Fertige eine Tabelle mit den wichtigsten Gemeinsamkeiten und Unterschieden an.

Jesus	Buddha

Die philosophische Frage nach Jesus

François Marie Arouet, besser bekannt als „Voltaire" (1694-1778), war ein berühmter Philosoph der Aufklärung. Über Jesus schrieb er 1769:

Die größten Feinde Jesu müssen zugeben, dass er die sehr seltene Eigenschaft gehabt hat, viele an sich zu fesseln. Solche Herrschaft über die Geister erwirbt man nicht ohne Talente, ohne Sitten, die von schändlichen Lastern frei sind. Er muss ein Mann von Tätigkeit, Kraft, Sanftmut und Mäßigung gewesen sein; er muss die Gabe zu gefallen gehabt haben und vor allem gute Sitten. Ich möchte wagen, ihn einen ländlichen Sokrates zu nennen. Beide predigten Moral, beide hatten Schüler und Freunde, beide griffen die Priester an, beide wurden hingerichtet und vergöttert …

Es ist sehr wahrscheinlich, dass Jesus in den Dörfern eine gute Moral predigte, da er ja Schüler hatte. Jesus konnte nur eine gute Moral predigen; es gibt keine zwei. Die des Epiktet, Seneca, Cicero, Lucretius, Plato, Epikur, Zoroaster, Brama und Confucius ist absolut dieselbe.

Ich weiß nicht, welcher Schriftsteller sich erdreistet zu sagen, indem er das Christentum schmäht, Jesus sei gestorben als Gott. Hat er Götter sterben sehen? Sterben Götter? Ich glaube nicht, dass der Autor dieses Schwulstes jemals etwas Absurderes geschrieben hat. Nehmen wir die Sprüche, die man Jesus zuschreibt, und die am wenigsten doppelsinnig sind, so sehen wir in ihnen die Liebe zu Gott und zu dem Nächsten, die allgemeine Moral. Was seine Handlungen betrifft, so können wir nur nach dem urteilen, was man uns davon berichtet hat ... Er reizt seine Jünger nicht auf, ihn zu verteidigen, als die Gerechtigkeit (Obrigkeit) sich seiner Person bemächtigt.

Warum ihn beklagen, sagt man? Er hat eine blutige Sekte gegründet, die mehr Blutvergießen verursacht hat als die grausamsten Völkerkriege. Nein, ich wage zu behaupten, und zwar mit den bestunterrichteten und weisesten Leuten, dass Jesus niemals daran gedacht hat, diese Sekte zu stiften. Das Christentum, wie es seit der Zeit Konstantins geworden ist, ist von Jesus weiter entfernt als von Zoroaster oder von Brama. Jesus ist der Vorwand für unsere phantastischen Lehren, für unsere Verfolgungen, für unsere Religionsverbrechen geworden; aber er ist nicht ihr Urheber. Ich schmeichele mir zu beweisen, dass Jesus kein Christ war, dass er im Gegenteil mit Abscheu unser Christentum, wie es Rom gemacht hat, verdammt haben würde.

☞ Skizziere den Gedankengang des Textes und fasse Voltaires Jesusbild zusammen. Worauf legt er den Schwerpunkt in der Beschreibung Jesu?

☞ Wer sind die Gestalten der Religions- und Philosophiegeschichte, mit denen Voltaire Jesus vergleicht? Recherchiere zu ihrer Person und ihrer Lehre.

☞ Warum zieht Voltaire wohl solche Vergleiche?

Jesus als Arier

War Jesus kein Jude? Bereits im 19. Jahrhundert stellten sich Religionswissenschaftler, Philosophen wie Arthur Schopenhauer, Dichter wie Johann Gottlieb Fichte und Künstler wie Richard Wagner diese Frage. Ab 1860 entstand in sogenannten „völkischen Kreisen" die These: Jesus muss ein „Arier" gewesen sein. Selbst Kaiser Wilhelm II. war Anhänger dieser Idee. Seit 1918 verband sich die Vorstellung vom „arischen" Jesus mit dem politischen Antisemitismus der Nationalsozialisten. 1921 erklärt Adolf Hitler bei einer Rede in Rosenheim: „Ich kann mir Christus nicht anders vorstellen als blond und mit blauen Augen, den Teufel aber nur in der jüdischen Fratze." Noch 1944 betonte er: „Jesus war sicher kein Jude, denn einen der ihren hätten die Juden nicht den Römern und dem römischen Gericht ausgeliefert, sondern selbst verurteilt. Vermutlich wohnten in Galiläa sehr viele Nachkommen römischer Legionäre (Gallier), und zu ihnen gehörte Jesus." Hitler bedient sich der alten „Pantera"-Legende, die einst jüdische Polemik gegen das Christentum war. Der nationalsozialistische Vordenker Alfred Rosenberg erläuterte im „Mythus des 20. Jahrhunderts" (1930), dass die „große Persönlichkeit Jesu Christi ... gleich nach ihrem Hinscheiden mit allem Wust des vorderasiatischen, des jüdischen und afrikanischen Lebens beladen und verschmolzen" wurde. Er forderte, die Bibel und Jesus von allem jüdischen Ballast zu befreien. „Jesus erscheint uns heute als selbstbewusster Herr ... Sein Leben ist es, das für germanische Menschen Bedeutung besitzt, nicht sein qualvolles Sterben ... Der gewaltige Prediger und der Zürnende im Tempel, der Mann, der mitriss und dem sie alle folgten, nicht das Opferlamm der jüdischen Prophetie, nicht der Gekreuzigte ist heute das bildende Ideal." Als Aufgabe formulierte er: „Eine Deutsche Kirche wird nach und nach in den ihr überwiesenen Kirchen anstelle der Kreuzigung den lehrenden Feuergeist, den Helden im höchsten Sinn darstellen ... schlank, hoch, blond, steilstirnig, schmalköpfig. Der ganzen deutschen Künstlerschaft ... ist mit dem neuen Reich eine ebenso große Aufgabe gestellt, wie dem Sorger um die deutsche Seele."

Wie viele andere setzte der Künstler Adolf Kessler 1934 die Idee eines „arischen" Jesus in einem Wandgemälde (Bild: protestantische Kirche in Landau-Godramstein) um.

☞ Was ist von der These, dass Jesus kein Jude sei, aus historischer Sicht zu halten?

☞ Vergleiche das Bild mit dem, was Alfred Rosenberg von der „Kunst" forderte – was ist umgesetzt?

☞ Mehr über dieses Thema findest du im Artikel von Wolfgang Fenske, www.juden-und-christen.de.

Foto: Landgraf.
Das Bild kann unter www.relibausteine.com (Jesus Christus) heruntergeladen werden.

Jesus im Marxismus

Milan Machoveč (1925-2003) war ein tschechischer Philosoph. Er versuchte, einen Dialog zwischen Marxismus und Christentum herzustellen.
Machoveč übersetzte und interpretierte den biblischen Spruch „Tut Buße, denn das Himmelreich ist nahe herbeigekommen!" (Mt 4,17) neu. Dabei setzte er sich besonders mit der Botschaft und den Taten Jesu auseinander. Warum er das Himmelreich neu interpretierte, begründete er so:

Jesus hat, was den *Inhalt* seiner Botschaft betrifft, seine Schüler *keineswegs* durch das Predigen des „Königreichs Gottes", *keineswegs* durch die Lehren über die Zukunft mitgerissen. Beides spielt bei ihm zwar eine wichtige Rolle, aber das *Wesen* seiner persönlichen Wirkung beruht in der *umgekehrten* Tendenz: Er führt die Menschen ... hin zu der Erkenntnis, dass diese Zukunft *deine Sache* ist, hier und jetzt, Angelegenheit eines jeden solcherart „angesprochenen" menschlichen *Ich!* In diesem Sinn hat Jesus die Zukunft von den himmlischen Wolken heruntergeholt und sie zur Angelegenheit der täglichen Gegenwart gemacht ... Die Zukunft ist nicht etwas, das „kommt" – irgendwoher aus der Fremde, unabhängig von uns, wie etwa atmosphärische Änderungen kommen –, sondern *die Zukunft ist unsere Sache,* und zwar in jedem Augenblick, sie *ist der Anspruch der Gegenwart,* *ist* Herausforderung der menschlichen Fähigkeit, jeden Augenblick möglichst voll, möglichst anspruchsvoll auszunützen! ...

Mt 4,17 „Lebt anspruchsvoll, denn vollkommene Menschlichkeit ist möglich."
Sie ist „nahe", das heißt, man kann sie greifen, man kann moralisch besser, reiner sein, man kann mehr Mensch sein, und zwar durch eigenes Zutun. Anders gesagt: Niemand zwingt dich schließlich, niedrig, gemein, feig, egoistisch – verdinglicht, würden wir heute sagen – zu leben. Auch wenn die „Umstände" des Lebens, auch wenn die „Verhältnisse", die „Zeit", die persönliche Schwäche oder schlaue Berechnung dazu verführen, hat man letztlich immer die Möglichkeit – sei es auch in Ketten –, sein Bewusstsein und seine Haltung nicht auf die eigene Not zu reduzieren, hat man die Möglichkeit, sich „emporzuheben", „anders zu sein", „sich innerlich zu wandeln", sich strebend um das mögliche „Königreich Gottes" zu bemühen und damit zu ihm zu gehören.

Milan Machoveč (1972)

☞ Jesus ging es um das „Reich Gottes". Wie versteht ein moderner Marxist wie Milan Machoveč diese Aussage?

☞ Vergleiche diese Vorstellung mit der traditionellen christlichen Vorstellung.

☞ Diskutiere, ob diese Deutung nur von einem Marxisten geschrieben werden kann.

Jesus als Rebell und Revolutionär

Jesus – der Rebell Gottes? Diese Einschätzung der Zeitschrift „Der Spiegel" (17/2011) geht darauf zurück, dass Jesus die Verhältnisse seiner Zeit verändern wollte.
Dabei hatte er konkrete Missstände im Blick: die Unterdrückung der Armen, die Ausgrenzung von Kranken, Frauen, Kindern und „Sündern" und Fehlformen in der Religion.

☞ Lies Markus 11,15-19 und kläre, welches Bild von Jesus hier offenbar wird.

☞ Lies und vergleiche folgende Texte, die vom Rebellen und Revolutionär Jesus sprechen. Welche Rolle spielt der gewaltsame Widerstand gegen die Verhältnisse?

Jesus war ein Rebell. Er war nicht so gemildert und so unbegrenzt duldsam, wie die sanften Heinriche meinen, sondern ein zorniger Mensch, der den Wechslern die Tische umwarf. Er tat das alles freilich aus Liebe. Er war ein Rebell der Liebe ... Jesu Liebe zu den „Letzen, die die Ersten sein werden" (Mk 10,31) stellt die „Herrenmacht" der Welt mit ihren „gestaffelten Hierarchien" in Frage. Das Reich, das Christus verkündet, ist kein Jenseits, auf das man die Menschen vertröstet, sondern ein diesseitiges Reich der Liebe. Dieses Reich ist auch keine innerliche Größe, sondern eine Weltrevolution. Dabei hatte Jesus eine Revolution der ganzen Welt im Auge, nicht eine kleinkarierte jüdische Nationalrevolution. Es geht um den Zusammenbruch der Welt insgesamt, um die Zerstörung der bestehenden Herrenmacht. Kein „inwendiges", ein „auswendiges" Reich wollte Jesus errichten. Er war kein blässlicher „Himmelskönig", sondern ein Kämpfer, der sein „Reich" mit „Feuer" (Lk 12,49) und „Schwert" (Mt 10,34), also mit Gewalt aufrichten wollte.

Ernst Bloch: Jesus. Ein Rebell der Liebe (1976)

Dem Revolutionär zum Geburtstag (von Erich Kästner)

Zweitausend Jahre sind es fast,
seit du die Welt verlassen hast,
du Opferlamm des Lebens!
Du gabst den Armen ihren Gott.
Und littest durch der Reichen Spott.
Du tatest es vergebens!

Du sahst Gewalt und Polizei.
Du wolltest alle Menschen frei
und Frieden auf der Erde.
Du wusstest, wie das Elend tut
und wolltest allen Menschen gut,
damit es schöner werde.

Du warst ein Revolutionär
und machtest dir das Leben schwer
mit Schiebern und Gelehrten.

Du hast die Freiheit stets beschützt
und doch den Menschen nichts genützt.
Du kamst an die Verkehrten!

Du kämpftest tapfer gegen sie
und gegen Staat und Industrie
und die gesamte Meute.
Bis man an dir, weil nichts verfing,
Justizmord, kurzerhand, beging.
Es war genau wie heute.

Die Menschen werden nicht gescheit.
Am wenigsten die Christenheit,
trotz allem Händefalten.
Du hattest sie vergeblich lieb.
Du starbst umsonst. Und alles blieb
beim alten.

Erich Kästner: Dem Revolutionär Jesus zum Geburtstag (1959)

Jesus als Rebell und Revolutionär

Camilo Torres (1929-1966) war kolumbianischer Priester und Freiheitskämpfer. Er sieht in Jesus den Befreier des unterdrückten Volkes. Torres stammt aus einer reichen Familie, doch die Begegnung mit der Armut im Land ließ ihn zum Priester werden. Vor einer Gewerkschaftsversammlung erklärte er: „An erster Stelle steht im Katholizismus die Liebe zum Nächsten (Röm 8,8). Wenn diese Liebe echt sein soll, so muss sie auch versuchen, wirksam zu sein. Wenn Wohltätigkeit, Almosen, einige kostenlose Schulen, einige Wohnungsprojekte, kurz das, was man Caritas nennt, nicht genügen, um die Mehrheit der Hungrigen zu speisen, die Mehrheit der Nackten zu bekleiden, die Mehrheit der Unwissenden zu unterweisen, dann müssen wir nach wirksameren Mitteln suchen." Er wollte den „privilegierten Minderheiten" ihre Macht nehmen und diese Macht den „Massen der Armen" geben. So sagte er: „Dass das so schnell wie möglich geschieht, ist das Hauptziel der Revolution." Die Revolution sah Torres als eine „Form, zu einer Regierung zu kommen", um die Werke der Nächstenliebe dauerhaft an die „Mehrheit unserer Nächsten" zu tun. „Daher ist die Revolution für die Christen, die in ihr die einzig wirksame und umfassende Möglichkeit sehen, die Liebe zu allen Menschen zu verwirklichen, nicht nur erlaubt, sondern sie ist eine Pflicht." Seine Rede schließt er: „Nach der Revolution werden wir Christen wissen, dass wir ein auf der Nächstenliebe basierendes System zu errichten haben. Der Kampf ist lang, lasst uns sofort beginnen."

Torres und seine Glaubensbrüder sahen in der Revolution einen radikalen Weg, und kein hilfloses Reden über etwas: *„Warum sollen wir streiten, ob die Seele sterblich oder unsterblich ist, wenn wir beide wissen, dass Hunger tödlich ist."* Jesus war für Torres ein Revolutionär – einer, der heute bei der Revolution gegen die Unterdrückung mitmachen würde.

Camilo Torres schloss sich dem Widerstand gegen die Regierung an und wurde zum Partisan. Er starb bei seinem ersten Gefecht mit der kolumbianischen Armee.

☞ Fasse die wichtigsten Thesen von Camilo Torres zusammen.

☞ Das Bild zeigt einen Christus, wie ihn sich Revolutionäre vorstellen: Auf der Seite der Armen zieht er in den Kampf. Was denkst du über dieses Bild?

☞ Was denkst du: Ist Gewalt für Christen eine Möglichkeit, Ziele zu erreichen?

☞ Wo und wie müsste deiner Meinung nach Jesus heute in Aktion treten, um Missstände offenzulegen?

Jesus in der Befreiungstheologie

Der katholische Theologe Adolf Holl (*1930) verfasste 1971 das Buch „Jesus in schlechter Gesellschaft". Daraufhin geriet er in Konflikt mit der katholischen Kirche und bekam 1973 die Lehrerlaubnis entzogen. Über Jesus schrieb er:

Der Stall in Bethlehem, die Hirten auf dem Feld sind nach der Meinung vieler Bibelgelehrter legendär. Dagegen Ernst Bloch: Zu einem Kind, das im Stalle geboren, wird gebetet. Näher, niedriger, heimlicher kann kein Blick in die Höhe umgebrochen werden. Zugleich ist der Stall wahr, eine so geringe Abkunft des Stifters wird nicht erfunden. Eine Sage macht keine Elendsmalerei und sicher keine, die sich durch ein ganzes Leben fortsetzt. Der Stall, der Zimmermannssohn, der Schwärmer unter kleinen Leuten, der Galgen am Ende, das ist aus geschichtlichem Stoff, nicht aus dem goldenen, den die Sage liebt.

Tatsächlich hat sich der Armeleutegeruch des Krippenkindes nie so ganz restlos parfümieren lassen … Sachlich und historisch gut getroffen ist jedenfalls die Bemerkung bei Lukas: So brachten sie ihn hinauf nach Jerusalem, um ihn dem Herrn darzustellen und um ein Opfer zu bringen nach der Vorschrift im Gesetz des Herrn: ein Paar Turteltauben oder zwei junge Tauben. Wobei es sich um die Opfergabe der Armen handelte.

Die Herkunft Jesu war sicher gering genug, er entstammte weder der Blutaristokratie noch dem Priesteradel, nicht einmal zum ordinierten Rabbi hat er es gebracht. Seine ersten Anhänger waren einfache Leute, Fischer beispielsweise, ohne jede feinere Lebensart. Diese wiederum – nach einem Jesuswort bei Matthäus – war in den Palästen der Könige zu finden, und dorthin ist Jesus erst mehrere hundert Jahre später gekommen, in bereits vergoldetem Zustand.

Nicht in den Salons also ist Jesus zu suchen, auch nicht in den Schulen der Schriftgelehrten oder den Zirkeln asketischer Wüstenbrüder. Seine ersten Predigten hat er vielmehr so gehalten, wie Lukas es überliefert hat, vor dem Volk: Selig ihr Armen, denn euer ist das Reich Gottes. Selig ihr Hungernden, denn satt sollt ihr werden. Selig ihr Weinenden, denn ihr werdet lachen. Originalton also, ganz ohne spätere Paraphrasen; in den zitierten drei Sätzen ist Jesus ganz da, und angesprochen sind die untersten sozialen Schichten.

☞ Vergleiche die Beschreibung Jesu mit der Ankündigung in Lk 1,53.

☞ Recherchiere im Internet zur Befreiungstheologie. Welche Rolle spielt Jesu Botschaft vom zukünftigen „Reich Gottes"?

☞ Das Bild stammt aus Bolivien und zeigt die Flucht von Josef und Maria mit dem Jesuskind (Mt 2). Es ist typisch für die Kunst der Befreiungstheologie.

Was kannst du entdecken?

Farbig findet man es unter www.relibausteine.com, Stichwort: Jesus Christus.

Jesus ist schwarz

mehr Rechte, der in den 1960er Jahren besonders heftig geführt wurde. Gleichzeitig entwickelte sich auch in Südafrika eine Form der „Schwarzen Theologie" als Sprachrohr gegen das System der „Apartheid" – der Unterdrückung der schwarzen Bevölkerung durch die Weißen.

Die schwarze Bevölkerung las die Bibel neu und entdeckte darin, dass Geschichten viel mit ihrer eigenen Lebenssituation und der Unterdrückung zu tun haben. Sie sahen darin den Impuls, eine Verbesserung der Lebensverhältnisse „Hier und Jetzt" anzustreben.

„Gott und Jesus sind schwarz" – so die Aussage der „Schwarzen Theologie". Sie gehört zur „Theologie der Befreiung", die in Nord- und Südamerika, in Afrika und Asien entstand, wo Menschen unterdrückt wurden und durch Jesu Botschaft von Gottes neuer Welt Hoffnung auf die Veränderung der Verhältnisse bekamen. Die Wurzeln der „Schwarzen Theologie" liegen in den USA, im Kampf für

Eine Besonderheit innerhalb der Befreiungstheologie ist es, dass man Jesus im eigenen Umfeld, dem „Kontext", sucht. So wird Jesus in der „Schwarzen Theologie" als Schwarzer dargestellt – wie auf dem Bild eines unbekannten Künstlers, das in den 1960er Jahren in den USA entstand.

Heute sind in Afrika viele Bilder bekannt, die Jesus auf diese Weise darstellen. Bei einer Aktion durften 2010 Kinder in Ghana ein Bild von Jesus gestalten. Die meisten von ihnen malten einen schwarzen Jesus, der ein „Kente" trägt – das traditionelle Gewand eines Königs in Westafrika (Bild).

☞ Was meint der schwarze Befreiungstheologe Allan Boesak, wenn er sagt:
  „Weiße Antworten reichen nicht mehr aus!"

☞ Was drücken Kinder und Künstler damit aus, wenn sie Jesus als Schwarzen darstellen? Recherchiere unter dem Begriff „faces of jesus" nach weiteren Bildern, die Jesus ein „anderes Gesicht" geben.

☞ Erläutere, worauf die Karikatur anspielt und kommentiere dieses Bild.

Karikatur von Jean-Maurice Bosc.

Jesus der Befreier

Dorothee Sölle (1929-2003) war eine bedeutende evangelische Theologin, die sich für eine politische Theologie einsetzte. Sie schrieb über Jesus in ihrem Werk „Politische Theologie" (1982):

„Theologie der Befreiung beginnt mit einer neuen Übersetzung des griechischen Wortes Soteria, was ursprünglich Rettung, zum Beispiel aus Lebensgefahr oder aus dem Gefängnis, hieß und traditionellerweise meist mit ,Erlösung' wiedergegeben wird.

Soteria wird jetzt verstanden als Befreiung. Erlösung ist Befreiung, Christus ist der Befreier. Seine Botschaft vom Reich Gottes wird verstanden als Botschaft vom Aufbau einer Welt, in der Gerechtigkeit und darum auch Frieden möglich sein wird.
Der Befreier erscheint also nicht senkrecht von oben als einer, der uns aus einem schlechten in einen besseren Zustand versetzt, wie Erlöstwerden ja weithin verstanden wurde, sondern der Befreier ist Ausdruck und Teil der Befreiungsbewegungen. In seinem Geist und mit seiner Stärkung gelangen wir in den Prozess der Befreiung. Sie als bloßes Geschenk zu erwarten oder zu erträumen, wäre ein Verrat an ihrer eigenen tiefsten Erwartung.
Befreiung kann nicht einfach verliehen werden, weder an Völker noch an soziale Klassen. Die Partizipation am Kampf ist im Begriff der Befreiung vorausgesetzt.
Ist Erlösung die Tat eines ganz anderen an Unerlösten, so versteht sich Befreiung als Kooperation zwischen Christus und den Menschen."

Dorothee Sölle 1982

Glaubensbekenntnis

ich glaube an jesus christus
der recht hatte als er
„ein einzelner der nichts machen kann"
genau wie wir
an der veränderung
aller zustände arbeitete
und darüber zugrunde ging
an ihm messend erkenne ich
wie unsere intelligenz verkrüppelt
unsere fantasie erstickt
unsere anstrengung vertan ist
weil wir nicht leben wie er lebte
jeden tag habe ich angst
dass er umsonst gestorben ist
weil er in unseren kirchen verscharrt ist
weil wir seine revolution verraten haben
in gehorsam und angst
vor den behörden
ich glaube an jesus christus
der aufersteht in unser leben
dass wir frei werden
von vorurteilen und anmaßung
von angst und hass
und seine revolution weitertreiben
auf sein reich hin.

Dorothee Sölle 1969

☞ Lies den Text oben und das Glaubensbekenntnis. Wie stellt Dorothee Sölle Jesus dar?

☞ Entspricht dies auch deinem Bild von Jesus? Begründe deine Position.

Jesus aus Sicht von Papst Benedikt XVI.

Die Jesus-Bücher von Papst Benedikt XVI. sind auf den Bestsellerlisten. Damit ist zumindest eines erreicht: Jesus ist ein öffentliches Thema.

Doch worum geht es dem Oberhaupt der römisch-katholischen Kirche?

Benedikt will den modernen Menschen zur Freundschaft mit Jesus führen. Er versucht, Jesus von Nazareth darzustellen, wie er „wirklich" war. Das geht aber – so der Papst – nur, wenn Jesus als der Sohn Gottes gesehen wird. Erst unter dieser Perspektive des Glaubens kann man Jesus „wirklich" begreifen.

Der Papst greift auf die moderne Bibelwissenschaft zurück, weist allerdings darauf hin, dass diese nicht ausreicht, um Jesus zu verstehen. Die Bibelwissenschaft kann in seinen Augen nur die Vergangenheit zum Sprechen bringen. Benedikt geht es aber darum, die Bedeutung Jesu in der Gegenwart zu betonen. Die Bibelwissenschaft ist für ihn daher lediglich eine notwendige Hypothese über Jesus, sie kann aber nicht den Glauben an ihn begründen.

Auf den Glauben an Jesus, auf eine echte Begegnung mit dem lebendigen Jesus Christus, kommt es dem Papst aber an. Deshalb sucht er im Alten und Neuen Testament nach Aussagen über die wahre Bedeutung Jesu für den Menschen. Er traut den Evangelien zu, die Wahrheit über Jesus zu verkündigen. Dazu zieht er auch die Tradition und Überlieferungen der Kirche zu Rate, also beispielsweise die Aussagen von Kirchenvätern. Die Bibel muss für Benedikt also in der Gemeinschaft „der Kirche" gelesen werden – hier verstanden als Tradition der römisch-katholischen Kirche, da diese nach seiner Auffassung als einzige den Anspruch hat, „Kirche" genannt zu werden.

Da die Autoren der biblischen Bücher Teile des „wandernden Gottesvolkes" (vgl. Hebr 12f.) gewesen seien, müsse die Bibel auch heute von der und für „die Kirche" ausgelegt werden. Jesus Christus sei in „der Kirche", in ihren Gottesdiensten und ihren weiteren Lebensvollzügen anzutreffen. Die Frage nach Jesus von der Kirche zu isolieren, führt laut Benedikt in die Irre. Von daher schreibt der Papst keine bibelwissenschaftliche Arbeit über Jesus, sondern verfasst einen theologischen Traktat, dessen Ziel es ist, das Geheimnis des Lebens Jesu für den modernen Menschen zu erschließen und der ihm helfen soll, eine innere Beziehung zu Jesus aufzubauen.

Foto: Papst Benedikt XVI.

☞ Fasse kurz zusammen, welchen Weg Papst Benedikt XVI. in seinem Jesus-Buch einschlägt.

☞ Beurteile, wie er die Bibelwissenschaft einschätzt.

☞ Diskutiert die These, dass man Jesus Christus nur durch die „Gemeinschaft der Kirche" (hier verstanden als die römisch-katholische Kirche) richtig verstehen und eine vollständige Beziehung zu ihm entwickeln könne.

Jesus im Bild

Jesus ist das meist abgebildete Motiv in der Geschichte der Kunst – obwohl es das Bildergebot (Ex 20,24) gibt. Folgende Epochen und Darstellungsweisen lassen sich grob unterscheiden.

Das älteste bekannte Bild Jesu ist ein Graffiti, ein Spottbild, das ihn als Esel zeigt.

In der *christlichen Kunst der Frühzeit* dominierten zunächst Symbole (Fisch; Chi-Rho).
Im 4. Jahrhundert entstanden die ersten christlichen Bilder von Jesus als guten Hirten (Joh 10,11). Auch die Darstellung als Lehrer und Philosoph ist aus dieser Frühzeit bekannt.

Ab dem *6. Jahrhundert* entwickelte sich in der byzantinischen Kunst die Darstellung von Jesus als Lehrer und als Weltherrscher mit dem allwissenden und strengen Blick (Pantokrator/ Weltherrscher) – heute noch in der orthodoxen Kirche verbreitet.

In der Zeit der *Romanik (ab 1000)* entwickelte sich die Darstellung Jesu in einer Mandorla (Mandel) als Zeichen der Göttlichkeit der ganzen Person – statt eines Heiligenscheins.

Nun erst beginnt sich die Darstellung Jesu am Kreuz durchzusetzen. Noch zeigt sie Jesus verbunden mit einer Königskrone als souveränen Herrscher. Christus wirkt erhaben von allem Leiden und schaut den Betrachter streng an.

In der *Gotik (ab 1300)* wird die Darstellung des Leidens Jesu zentral – mit Dornenkrone und Blut. Jesus nimmt den Schmerz der Welt auf sich. Diese Darstellung wirkt bis in die Zeit der Vorreformation – eindrucksvoll im Isenheimer Altar zu entdecken (um 1515).

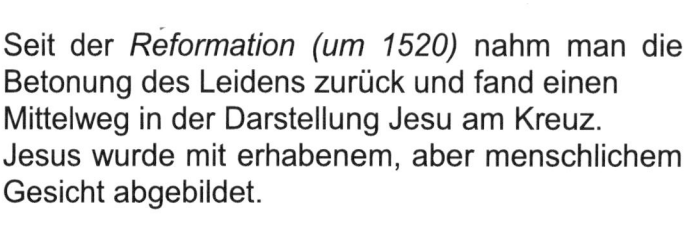

Seit der *Reformation (um 1520)* nahm man die Betonung des Leidens zurück und fand einen Mittelweg in der Darstellung Jesu am Kreuz. Jesus wurde mit erhabenem, aber menschlichem Gesicht abgebildet.

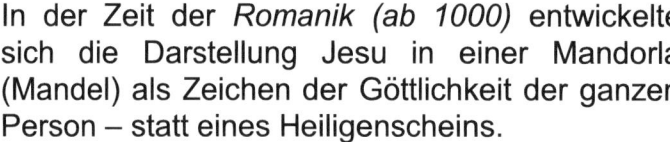

Im *17. Jahrhundert* waren dogmatische Bilder katholischer und evangelischer Lehren verbreitet. Daneben entstanden menschliche Interpretationen Jesu, wie die Bilder Peter Paul Rubens, von Rembrandt und anderer holländischer Maler.

Im *18. Jahrhundert* gab es neben den klassischen Motiven auch Jesusbilder der Aufklärung, die den Lehrer Jesus hervorhoben.

Im *19. Jahrhundert* entstanden Bilder, die einen „sanften" Jesus als „guten Hirten" oder mit einem verklärten Blick darstellten. Mit wallendem Gewand und langen Haaren hält sich dieses Jesusbild bis heute.

Im *Übergang zum 20. Jahrhundert* änderte sich der Kunststil radikal. Bibelszenen tragen nun expressionistische Züge – wie bei Emil Nolde oder Max Beckmann.

Aufgrund der Erfahrungen von Krieg und Menschenverachtung änderten sich auch die Jesusbilder. George Grosz (1928) verarbeitet in seiner Kreuzesdarstellung das Leiden im Krieg. Der Künstler Marc Chagall stellte in seinem Bild „Die weiße Kreuzigung" (1938) das Schicksal des jüdischen Volkes dar. Künstler aus Afrika, Südamerika und Asien verbanden das Kreuz mit den Leiden unterdrückter Völker. Oder sie interpretierten Jesus als einen von ihnen.

Daneben gibt es abstrakte Deutungen, die wie Arnulf Rainer Kontrast und Farben nutzten, um Jesu Wirken darzustellen („Christusübermalung" 1981-84).

Heute ist es kaum möglich, eine klare Stilrichtung zu erkennen, in der Jesus dargestellt wird.

☞ Mache eine Tabelle mit einer Übersicht über die Phasen der Jesusbilder. Suche dazu im Internet Bilder. Quellen hierzu sind beispielsweise:
- www.biblical-art.com/index.htm
- www.rpi-virtuell.net/artothek/infos/rauminfoAS.htm
- www.uni-leipzig.de/ru/themen.htm
- en.wikipedia.org/wiki/Images_of_Jesus
- www.biblical-art.com
- www.dober.de/jesus

Die US-Zeitschrift „Time" (15.8.1988) machte aus vielen Kunstwerken zu Jesus eine Collage. Mit Bildern aus dem Internet kannst du dies selbst versuchen.

Herr über den Tod oder Schmerzensmann?

Jesus am Kreuz wurde in der Geschichte sehr unterschiedlich dargestellt.

☞ Schau dir zuerst die beiden Bilder an. Dann erst lies die Erklärungen.

☞ Was fällt dir bei den Bildern auf? Was empfindest du beim Anblick der Bilder?

In der **Zeit der Romanik (um 1000 n.Chr.)** stellte man Jesus als König und Gott dar. Er ist Herr über alle Lebenslagen – auch über den Tod am Kreuz. Dies entspricht dem Bild der Herrscher dieser Zeit.

In der **Zeit der Gotik (um 1200 n.Chr.)** begann man, Jesus als Schmerzensmann darzustellen. Jesus nimmt die Schmerzen der Welt auf sich. So ist er denen ganz nah, die auf der Welt leiden.

☞ Lies hierzu die letzten Worte Jesu in der Bibel nach.

Mk 14,34 – Lk 23,34-46 – Joh 19,26-30.

☞ Welche Worte erinnern an die Darstellung der Romanik, welche an die der Gotik?

☞ Was lösten beide Bilder wohl bei ihren Betrachtern aus?

☞ Welches dieser Bilder entspricht eher deinem Jesusbild?

Jesus der gute Hirte und Menschenfreund

Romantisches Jesusbild des
19. Jahrhunderts: Jesus als Hirte

Oskar Kokoschka:
Christus hilft den hungernden Kindern (1945)

☞ Was entdeckst du auf den beiden Bildern?

☞ Wie sprechen dich diese Bilder an?

☞ Welche Texte und Geschichten aus der Bibel fallen dir zu den Bildern ein?

Schon die älteste uns bekannte christliche Darstellung (3. Jh.) stellte Jesus als Hirten
dar. Auch im 19. Jahrhundert war das Bild des Hirten verbreitet.
Die Darstellung wurde inspiriert von den Worten:
„Ich bin der gute Hirte. Der gute Hirte lässt sein Leben für die Schafe" (Joh 10,11) und
*„Ich bin der gute Hirte und kenne die Meinen und die Meinen kennen mich, wie mich
mein Vater kennt und ich kenne den Vater"* (Joh 10,14-15).
Das Bild des Hirten wird bereits im Alten Testament auf Gott angewendet (Ps 23).
Jesus selbst verwendet es im Gleichnis vom verlorenen Schaf.
☞ Lies hierzu Lk 15,1-7.

Andere Bilder stellen Jesus als Menschenfreund dar, der sich besonders den Hilfsbe-
dürftigen zuwendet. Sie beziehen sich auf Aussagen, die zeigen, dass Jesus immer bei
den Menschen ist (Joh 3,36, Joh 6,37; Joh 6,68; Joh 11,25; Joh 12,46).
☞ Lies hierzu Mk 10,13-16 und Mt 18,1-5.

☞ Das Versprechen, immer bei den Menschen zu sein, findet sich auch am Ende des
   Matthäusevangeliums (Mt 28,16-20). Wie interpretierst du diese Stelle?

Jesus und die Werke der Barmherzigkeit

Um 1475 entstand dieses Meditationsbild. Es findet sich heute in der Pfarrkirche Sachseln (Schweiz) beim Grab des Bruders Nikolaus von der Flühe, dem Schweizer Nationalheiligen. 1980 wurde das Bild Motiv eines Misereor- Hungertuchs. Man findet es farbig im Internet: Stichwort „Hungertuch 1980".

Im Zentrum des Bildes steht Christus, der König. Die Speichen sind drei Strahlen, die auf sein Auge, sein Ohr und seinen Mund weisen und drei, die von ihm aus auf etwas hinweisen. Jesus ist Ohrenzeuge bei der Schöpfung (Verklärung), bei der Verkündigung ist er das „Wort" und Augenzeuge beim Heilsgeschehen am Kreuz. Von Jesus aus weist das Bild auf die Geburt, das Leiden und die Gegenwart Jesu im Abendmahl. Weiter zu sehen sind die Symbole der Evangelisten Matthäus (Engel), Markus (Löwe), Lukas (Stier), Johannes (Adler).
Das Bild dient dem Verstehen des Heilsgeschehens: In Jesus Christus wendet sich Gott der Welt zu. Die Heilserzählungen weisen auf die sogenannten „Werke der Barmherzigkeit" als Motivation für das eigene Handeln hin.

☞ Recherchiere, welche Funktion „Hungertücher" haben.

☞ Welche Verbindungen bestehen zwischen dargestellten Geschichten und den „Werken der Barmherzigkeit"?

Darstellung im Tuch	Werke der Barmherzigkeit (Mt 25,31-46)
Jesus Christus als König Verkündigung Mariens Geburt Jesu Verklärung Jesu Verhaftung Jesu Tod Jesu am Kreuz Abendmahl im Gottesdienst	Kranke besuchen Fremde beherbergen Hungrige speisen Durstigen zu trinken geben Gefangene erlösen Nackte bekleiden Tote bestatten

Kreuze der Welt

Die Kreuzigung ist ein Motiv, das besonders häufig dargestellt wurde. Moderne Künstler greifen das Motiv auf und verbinden damit eine politische Botschaft:

Marc Chagall malte zwei Wochen nach der „Reichpogromnacht" 1938 das Bild „Die weiße Kreuzigung". Im Bild beschreibt er die Vernichtung jüdischer Dörfer (Russland) und die Zerstörung der Synagogen (Deutschland). Ebenfalls dargestellt werden Verfolgung, Flucht und Trauer der Juden. Der Gekreuzigte trägt einen jüdischen Gebetsschal.	Durch das Bild „Koreanische Kreuzigung" verarbeitet ein Künstler die Unterdrückung seines Volkes durch die Japaner (1905-1945). Seine Sprache wurde verboten, Menschen versklavt, Frauen zur Prostitution gezwungen. Das Gesicht des Gekreuzigten erinnert an den Anführer eines Bauernaufstandes.

☞ Welche Ziele verfolgen die Künstler mit dieser Darstellung?

☞ Welche Gründe kann es geben, warum beide Künstler die Kreuzigungsszene für ihre Botschaft verwenden?

☞ Das Kreuz ist ein Symbol für tiefstes Leid und Erniedrigung.
  Was wäre für Künstler deiner Meinung nach ein aktuelles Motiv, das heute aufgegriffen werden könnte?

Jesus literarisch: Kurt Marti

Der Schweizer Kurt Marti (*1921) ist Pfarrer und ein viel beachteter Schriftsteller.
Über Jesus verfasste er 1980 folgenden Text:

jesus

mit einer schar von freunden (freundinnen auch)
durch galiläas dörfer und städte ziehend
hat er kranke geheilt und geschichten erzählt
von der weltleidenschaft des ewigen gottes

privilegien der klasse der bildung galten ihm nichts
zu seinem umgang zählten tagelöhner und zöllner
wo mangel sich zeigte an nahrung oder getränk
teilte er fische brot und wein aus für viele

die gewalt von gewalthabern verachtete er
gewaltlosen hat er die erde versprochen
sein thema: die zukunft gottes auf erden
das ende von menschenmacht über menschen

in einer patriarchalischen welt blieb er
der sohn und ein anwalt unmündiger frauen und kinder
wollten galiläer ihn gar zum könig erheben? er aber
ging hinauf nach jerusalem: direkt seinen gegnern ins garn

auf einem jungesel kam er geritten – kleinleute-messias:
die finger einer halbweltdame vollzogen die salbung an ihm ...
bald verwirrt bald euphorisch folgten ihm die freunde die jünger
um bei seiner verhaftung ratlos unterzutauchen ins dunkel

über sein schweigen hin rollte der schnelle prozess
ein afrikaner schleppte für ihn den balken zum richtplatz hinaus
stundenlang hing er am kreuz: folter mit tödlichem ausgang –
drei tage später die nicht zu erwartende wendung

anstatt sich verstummt zu verziehen ins bessere jenseits
brach er von neuem auf in das grausame diesseits
zum langen marsch durch die viellabyrinthe
der völker der kirchen und unserer unheilsgeschichte

oft wandelt uns jetzt die furcht an er könnte
sich lang schon verirrt und verlaufen haben
entmutigt verschollen für immer vielleicht – oder bricht er
noch einmal (wie einst an ostern) den bann?

und also erzählen wir weiter von ihm
die geschichten seiner rebellischen liebe
die uns aufwecken vom täglichen tod –
und vor uns bleibt: was möglich wär' noch.

Kurt Marti (1980); Foto © epd

☞ Tragt den Text euch gegenseitig vor. Sucht dabei nach Möglichkeiten,
   wie er betont werden kann.

☞ Fasse zusammen, worauf es Kurt Marti in seiner Darstellung Jesu ankommt.

Jesus literarisch: Peter Handke

Peter Handke (geb. 1942) lebt seit 1991 als freier Schriftsteller in Frankreich. Er ist getaufter Katholik, trat aber während des Balkankrieges „aus dieser momentanen katholischen Kirche" aus. Seine „Lebensbeschreibung" Jesu wirkt absurd – und das ist wohl Absicht: Er hält den Christen einen Spiegel vor, indem er mit biblischen Motiven und Bekenntnistexten spielt, sie zugleich abwandelt und kommentiert.

Gott erblickte das Licht der Welt in der Nacht vom vierundzwanzigsten zum fünfundzwanzigsten Dezember. Die Mutter Gottes wickelte Gott in Windeln. Auf einem Esel flüchtete er sodann nach Ägypten. Als seine Taten verjährt waren, kehrte er in sein Geburtsland zurück, weil er fand, dass dort der Ort sei, an welchem ein jeder am besten gedeihen könnte.

Er wuchs auf im Stillen und nahm zu an der Freude seiner Eltern, die alles daransetzten, aus ihm einen ordentlichen Menschen zu machen. So erlernte er nach einer kurzen Schulzeit das Zimmermannshandwerk. Dann, als seine Zeit gekommen war, legte er, sehr zum Verdruss seines Vaters, die Hände in den Schoß. Er trat aus der Verborgenheit. Es hielt ihn nicht mehr in Nazareth. Er brach auf und verkündete, dass das Reich Gottes nahe sei. Er wirkte auch Wunder. Er sorgte für Unterhaltung bei Hochzeiten. Er trieb Teufel aus. Einen Schweinezüchter brachte er auf solche Art um sein Eigentum. In Jerusalem verhinderte er eines Tages im Tempel den Geldverkehr. Ohne das Versammlungsverbot zu beachten, sprach er oft unter freiem Himmel. Aus der Langweile der Massen gewann er einigen Zulauf. Indes predigte er meist tauben Oh-

ren. Wie später die Anklage sagte, versuchte er das Volk gegen die Obrigkeit aufzuwiegeln, indem er ihm vorspiegelte, er sei der ersehnte Erlöser. Andererseits war Gott kein Unmensch. Er tat keiner Fliege etwas zuleide. Niemandem vermochte er auch nur ein Haar zu krümmen.

Er war nicht menschenscheu. Unbeschadet seines ein wenig großsprecherischen Wesens war er im Grunde harmlos. Immerhin hielten einige Gott für besser als gar nichts. Deshalb wurde ihm ein kurzer Prozess gemacht. Er hatte zu seiner Verteidigung wenig vorzubringen. Wenn er sprach, sprach er nicht zur Sache. Im Übrigen blieb er bei seiner Aussage, dass er der sei, der er sei. Meist aber schwieg er. Am Karfreitag des Jahres dreißig oder neununddreißig nach der Zeitwende wurde er, in einem nicht ganz einwandfreien Verfahren, ans Kreuz gehenkt. Er sagte noch sieben Worte. Um drei Uhr Nachmittag, bei sonnigem Wetter, gab er seinen Geist auf. Zur gleichen Zeit wurde in Jerusalem ein Erdbeben von mittlerer Stärke verzeichnet. Es ereigneten sich geringe Sachschäden.

Peter Handke, Lebensbeschreibungen (1970)

☞ Wie interpretiert Peter Handke die Person des Jesus von Nazareth?

☞ In seinen Aussagen ist die Distanz zur „offiziellen" kirchlichen Lehre zu spüren. Wie bringt er diese sprachlich zum Ausdruck?

Jesus-Romane

Jesus ist Stoff von Bestsellern. Manche verwenden Verschwörungstheorien und problematische Quellen – wie Dan Browns „Sakrileg" (2003) oder Kathleen McGowans „Das Jesus-Testament" (2011). Der Erfolg dieser Romane führte dazu, dass die Frage nach den außerbiblischen Quellen über Jesus neu gestellt wurde. In den letzten Jahren erschienen weitere Romane, die einen Zugang zu Jesus ebnen möchten. Manche Romane versuchen, ernsthaft die Quellen über Jesus so aufzubereiten, dass man sie leichter versteht. Beispiele hierfür sind:

Gerd Theißen: Der Schatten des Galiläers. (1986)
Der „historische Jesusroman in erzählender Form" berichtet von Andreas, einem Kaufmann aus Sepphoris bei Nazareth. Er soll über einen Wanderprediger namens Jesus für die Römer spionieren und folgt dessen Spuren.

Eric Emanuel Schmitt: Das Evangelium nach Pilatus. (2007)
Eine etwas andere Passionsgeschichte erzählt von Pilatus, der den verschwundenen Leichnam Jesu suchen lässt.

Arnulf Zitelmann: Ich, Tobit, erzähle diese Geschichte. (2009)
Tobit, ein junger Ägypter, pilgert nach Jerusalem. Menschen kreuzen seinen Weg, und Tobit spürt, dass etwas geschieht, das sie verändern wird. Es hat mit einem jungen Menschen zu tun, den einige wenige erst kennen und Jesus nennen.

Manche Roman-Autoren wollen – oft satirisch – provozieren. Man soll neu über Jesus nachdenken. Dabei spielen die biblischen Quellen kaum eine Rolle. Manche von ihnen schildern, dass Jesus wieder auf die Erde zurückkommt und seltsame Dinge erlebt …

Christopher Moore: Die Bibel nach Biff. Die wilden Jugendjahre von Jesus. (2002)
Biff, der „beste Freund" Jesu, erzählt, was im Neuen Testament fehlt: ein Kapitel über seine Jugend. Bereits als Jugendlicher zeigt sich, was später einmal aus ihm werden wird.

Jürgen Werthelmer: Als Maria Gott erfand. (2009)
Maria stellt kurz nach der Hochzeit fest, dass Joseph schwul ist. Sie wird schwanger von einem Wanderprediger und erfindet eine unglaubliche Geschichte.

David Safier: Jesus liebt mich. (2009)
Marie ist nicht religiös, aber sie weiß: Jesus liebt mich. In einer Lebenskrise taucht Jesus als Zimmermann auf, um einen Dachstuhl zu reparieren. Mit dem Erzengel Gabriel und einem Teufel in der Gestalt von George Clooney bringt Jesus die Welt Maries durcheinander. Doch Jesus verkündet eigentlich, dass die Welt bald untergeht.

John Niven: Gott bewahre. (2011)
Gott ist sauer – während eines Urlaubs sollte sein Sohn im Himmel auf die Erde aufpassen. Doch nun sind die Menschen auf dem Weg, die Welt zu zerstören. Jesus, der im Himmel mit Jimi Hendrix Gitarre spielt, soll nun wieder auf die Erde, Gutes tun und das einzig wahre Gebot „Seid lieb!" predigen. Doch wie erreicht man heute die Menschen?

Der Schatten des Galiläers

Gerd Theißen, Professor für Neues Testament an der Universität Heidelberg, erzählt die Geschichte vom Kaufmann Andreas, einem jüdischen Zeitgenossen Jesu. Er lebt in Sepphoris, etwa fünf Kilometer von Nazareth entfernt. Bei einer Demonstration gegen Pilatus wird er von Soldaten festgenommen. Seine Freiheit erhält er nur wieder, wenn er Informationen über die Anhänger Jesu sammelt. Andreas trifft auf verschiedene Gruppen der Zeit Jesu – die Essener, Zeloten, Sadduzäer und Pharisäer sowie einfache Menschen, die Jesus erlebt haben. So erfährt er viel über Jesu Handeln und die Konflikte wie den um den Umgang mit „Sündern" und die Frage, ob man am Sabbat Kranke heilen darf. Worte und Taten Jesu werden von den Personen diskutiert. Über Jesu Heilungen erfährt Andreas, weil er Menschen trifft, die geheilt wurden oder bei den „Wundern" dabei waren. Auch kritische Einschätzungen Jesu werden vermittelt, wie die des Zeloten Barrabas, der Jesus einen „merkwürdigen Propheten" nennt.

Andreas weiß, dass er in seinem Bericht nichts schreiben darf, was die Römer gegen Jesus verwenden können. Als „Sicherheitsrisiko" würde Jesus sonst bestraft werden:

„Er war ein Risiko. Jeder, der eher seinem Gewissen folgt als Vorschriften und Ge-

setzen, jeder, der die bestehende Verteilung von Macht und Besitz nicht für endgültig hält, jeder, der kleinen Leuten das Selbstbewusstsein von Fürsten verleiht, ist ein Sicherheitsrisiko" (S. 181).

Andreas findet einen Weg, Jesus in der Denkwelt der Römer zu verorten: Er stellt ihn als Philosophen dar, ein Dichter, Denker und Wanderprediger.

Als Andreas erfährt, dass sein Freund Barrabas und Jesus verhaftet wurden, versucht er beide freizubekommen, indem er mit Pilatus spricht. Doch das Volk soll entscheiden, wer von beiden frei kommt und wer gekreuzigt wird ...

Gerd Theißen gibt seinem Roman den Untertitel „Historische Jesusforschung in erzählender Form". Er wählt also die Erzählung, um den Stand der Jesusforschung auch denen nahezubringen, die dazu keinen Zugang haben. Literaturhinweise bieten die Möglichkeit der Weiterarbeit. Viele theologische Fragestellungen werden in Gesprächen mit Pro- und Contra-Argumenten diskutiert und bieten die Möglichkeit, sich ein eigenes Bild zu machen.

Buchhinweis: Gerd Theißen, Der Schatten des Galiläers (Erstausgabe 1986; Taschenbuchausgabe 2011; auch als Hörbuch).

☞ Gliedere den Roman mithilfe der Personen und Gruppen, denen Andreas begegnet.

☞ Welche Rolle spielen die Zwischenbriefe an „Herrn Kratzinger"?

☞ Lies besonders die Seiten 181-198. Fasse zusammen, was Andreas in seinem Bericht hervorhebt und was er weglässt.

Geschriebene Worte über Jesus

Ob Dichter oder Generäle, ob Philosophen, Theologen oder
Physiker – viele Menschen haben sich Gedanken
über die Person Jesu gemacht und sie aufgeschrieben.

☞ Was sagen folgende Worte über Jesus aus?

☞ Finde weitere Aussagen über Jesus.

„Ich bin Jude, aber das strahlende
Bild des Nazareners hat einen über-
wältigenden Eindruck auf mich gemacht. Es gibt wirklich nur eine Stelle
in der Welt, wo wir kein Dunkel sehen. Das ist die Person Jesu Christi.
In ihm hat sich Gott am deutlichsten
vor uns hingestellt."
Albert Einstein, Physiker

„Jesus verkündete das Himmelreich; was
kam, war die Kirche."
Alfred Loisy, Theologe und Historiker

„Käme er, man würde ihn zum zweiten Mal
kreuzigen."
Johann Wolfgang von Goethe, Dichter

Die Persönlichkeit des Mannes, nach
dem sich immerhin dreißig Prozent
der Menschheit nennen, genügt mir
nicht! – Was würden wir heute sagen,
wenn ein junger Mann aus irgendei-
nem unbedeutenden Zwergstaat käme; einem der immer wieder vorhandenen und nicht nur „wirtschaftlich
unterentwickelten" Ostgebiete; keiner
der großen Kultursprachen mächtig;
völlig unbekannt mit dem, was in
Jahrtausenden Wissenschaft, Kunst,
Technik, auch frühere Religionen,
geleistet haben – und ein solcher
stellte sich vor uns hin mit den dicken
Worten: *„Ich* bin der Weg; *und* die
Wahrheit; *und* das Leben"?
Arno Schmidt, Schriftsteller

„Wir haben also als Missverständnis: … eine
kirchliche Ordnung, mit Priesterschaft, Theologie, Cultus, Sakramenten; kurz, alles das,
was Jesus von Nazareth bekämpft hatte."
Friedrich Nietzsche, Philosoph

„Alexander, Cäsar, Karl der Große und ich
haben große Reiche gegründet. Aber worauf
beruhen diese Schöpfungen unseres Ge-
nies? Auf Gewalt. Jesus hingegen gründete
sein Reich auf Liebe. Und zu dieser Stunde
würden Millionen Menschen für ihn sterben.
Ich habe zwar auch große Menschenmen-
gen zu enthusiastischer Anhängerschaft bewegt: Sie wären für mich gestorben. Aber
hierzu musste ich präsent sein mit dem
elektrisierenden Einfluss meiner Blicke, meiner Worte, meiner Stimme. Wenn ich die
Menschen sah und zu ihnen sprach, entzün-
dete ich in ihnen die Flamme der Hingabe.
Jesus Christus hingegen zieht durch einen
gewissen mysteriösen Einfluss, auch wenn
bereits achtzehnhundert Jahre vergangen
sind, so sehr die Herzen der Menschen zu
sich hin, dass Tausende auf ein Wort hin für
ihn durch Feuer und Flut gehen und dabei ihr
eigenes Leben nicht wert erachten würden."
Napoleon Bonaparte, General

„Man möge mir zu sagen erlauben,
dass Jesus keine neue Religion,
sondern ein neues Leben predigte."
Mahatma Gandhi, Jurist

„Jesus ist nicht gekommen, eine
neue Religion zu bringen, sondern
das Leben."
Dietrich Bonhoeffer, Theologe

Jesus im Gesangbuch

Im Evangelischen Gesangbuch (EG) finden sich unterschiedliche Jesuslieder. Zu vielen gibt es im Internet auch Hörbeispiele oder Filme auf Youtube.

```
740
221    3
215   1-5
341
196   1+2
```

☞ Vergleiche die Texte und suche im Gesangbuch/im Internet nach den Melodien. Welches Jesusbild wird jeweils im Lied ausgedrückt?

Macht hoch die Tür, die Tor macht weit; es kommt der Herr der Herrlichkeit, ein König aller Königreich, ein Heiland aller Welt zugleich, der Heil und Leben mit sich bringt; derhalben jauchzt, mit Freuden singt: Gelobet sei mein Gott, mein Schöpfer reich von Rat. EG 1 (Georg Weissel 1623)	Jesus ist kommen, Grund ewiger Freude; A und O, Anfang und Ende steht da. Gottheit und Menschheit vereinen sich beide; Schöpfer, wie kommst du uns Menschen so nah! Himmel und Erde, erzählet's den Heiden: Jesus ist kommen, Grund ewiger Freuden. EG 66 (Johann L. K. Allendorf 1736)
O Haupt voll Blut und Wunden, Voll Schmerz und voller Hohn, O Haupt, zum Spott gebunden Mit einer Dornenkron', O Haupt, sonst schön gezieret Mit höchster Ehr' und Zier, Jetzt aber hoch schimpfieret: Gegrüßet sei'st du mir! EG 85 (Paul Gerhardt 1656)	Christe, du Lamm Gottes, der du trägst die Sünd der Welt, erbarm dich unser. Christe, du Lamm Gottes, der du trägst die Sünd der Welt, erbarm dich unser. Christe, du Lamm Gottes, der du trägst die Sünd der Welt, gib uns deinen Frieden, Amen. EG 190,2 (Martin Luther 1525)

Bekannte Jesuslieder im Gesangbuch sind:

EG 1: Macht hoch die Tür	EG 8: Es kommt ein Schiff	EG 66: Jesus ist kommen
EG 81: Herzliebster Jesu	EG 85: O Haupt voll Blut	EG 99: Christ ist erstanden
EG 123: Jesus Christus herrscht als König	EG 168: Du hast uns Herr gerufen	EG 183,2: Wir glauben
EG 190,2: Christe, du Lamm Gottes	EG 217: Herr Jesu Christe, mein getreuer Hirte	EG 246: Ach bleib bei uns
EG 269: Christus ist König	EG 313: Jesus, der zu den Fischern lief	EG 353: Jesus nimmt die Sünder an
EG 391: Jesu, geh voran	EG 396: Jesu meine Freude	EG 398: In dir ist Freude
EG 410: Christus, das Licht der Welt	EG 526: Jesus, meine Zuversicht	

Jesuslieder

Es gibt klassische und moderne Jesuslieder.
Wer einem Jesuslied begegnet, kann klären:
☞ Worauf legen die Lieder den Schwerpunkt, wenn sie
    Jesus darstellen?
☞ Was drücken sie durch ihre Melodie aus?

Zwei bekannte Gospels über Jesus sind:

Refrain: **Go, tell it on the mountain,** Over the hills and everywhere. Go, tell it on the mountain, That Jesus Christ is born. While shepherds kept their watching o'er silent flocks by night, behold, throughout the heavens there shone a holy light Refrain The shepherds feared and trembled, when lo! above the earth, rang out the angels chorus that hailed our Savior's birth. Refrain … Down in a lowly manger the humble Christ was born and God sent us salvation that blessed Christmas morn. Refrain …	Refrain: **Nobody knows the trouble I've seen.** Nobody knows but Jesus. Nobody knows the trouble I've seen. Glory Hallelujah! Sometimes I'm up, sometimes I'm down, oh, yes, Lord. Sometimes I'm almost to the ground oh, yes, Lord. Refrain … I never shall forget that day, oh, yes, Lord. When Jesus washed my sins away, oh, yes, Lord. Refrain …

☞ Kläre, was Gospels sind und warum sie gesungen wurden.
☞ Was sagen die Lieder über Jesus aus? Wie werden sie gesungen?
    Recherchiere dazu im Internet, wo es Hörbeispiele und Clips zu den Gospels gibt.

Das **Lied „Meine Hoffnung"** stammt aus der Brüderschaft von Taizé:
> *Meine Hoffnung und meine Freude,*
> *meine Stärke, mein Licht,*
> *Christus, meine Zuversicht,*
> *auf dich vertrau' ich*
> *und fürcht' mich nicht,*
> *auf dich vertrau' ich*
> *und fürcht' mich nicht.*

☞ Kläre, was die Bruderschaft von Taizé ist und welche Rolle solche Lieder spielen.
☞ Was sagt das Lied über Jesus aus? Wie wird es gesungen? Recherchiere dazu im
    Internet, wo es Hörbeispiele und Clips dazu aus Taizé gibt.

☞ Suche nach weiteren Jesusliedern.

Man sagt, er war ein Gammler

Text:
Andreas Malessa.
Melodie:
Larry Norman.

Aus:
„ALIVE", Das
ökumenische
Jugendliederbuch
für Schule und
Gemeinde,
Claudius-Verlag

1. Man sagt, er war ein Gamm - ler. Er zog durch das
2. Man sagt, er war ein Dich - ter. Sei - ne Wor - te
3. Man sagt, er war ein Zau - be - rer. An Wun-dern
4. Man sagt, er war Po - li - ti - ker, der rief: „Ich

gan - ze Land,___ rau - e Män-ner im Ge -
hat - ten Stil.___ Wer ihn hör - te, schwieg be -
fehlt es nicht.___ Er ging zu Fuß auf ei - nem
mach euch frei!"___ Und die Mas-sen woll - ten

fol - ge, die er auf der Stra - ße fand.
trof - fen und ein Sturm war plötz - lich still.
See und gab den Blin - den Au - gen - licht;
gern, dass er ihr neu - er Kö - nig sei.

Nie - mand wuss - te, wo er her - kam, was er
Sei - ne Bil - der und Ver - glei - che wa - ren
mach - te Wein aus kla - rem Was - ser, kann - te
Er sprach laut von Kor - rup - tion und wies auf

woll - te, was er tat.___ Doch man sag - te: Wer so
schwie-rig zu ver-stehn,___ doch die Leu - te sa-ßen
Tricks mit Fisch und Brot.___ Und er sprach von ei - ner
Un-recht of - fen hin,___ doch man hass - te sei-nen

re - det, ist ge - fähr - lich für den Staat.
stunden-lang, ihn zu hö - ren und zu sehn.
Neuge-burt, weck-te Men-schen auf vom Tod.
Ein - fluss, und so kreu - zig - ten sie ihn.

5. Er ist der Sohn des Höchsten, doch er kam, um Mensch zu sein;
offenbarte Gottes Art, um uns aus Sünde zu befrein.
So hab ich ihn erfahren, ich begann, ihn so zu sehn.
Und ich meine, es wird Zeit, wir sollten ihm entgegengehn.

☞ Welche Aussagen über Jesus werden hier gemacht?

☞ Bei YouTube gibt es einige Beispiele, wie das Lied kreativ umgesetzt wurde.
Überlegt selbst, wie ihr das Lied in Szene setzen würdet.

Jesus in der Popmusik

Seit es sie gibt, ist Jesus Thema in der Popmusik.

☞ Suche im Internet nach dem Songtext/einem Clip zu folgenden Musiktiteln. Songtexte und ihre Übersetzung finden sich beispielsweise unter www.songtext.com.
Was kannst du jeweils über den Künstler erfahren?
Wie setzt sich der Song mit der Person Jesu auseinander?
Welche „Produkte" wie hier das T-Shirt gibt es in der Popszene zu Jesus?

☞ Beachte bei den einzelnen Popsongs auch die konkreten Fragen.

Lady Gaga: Born this way (2011): Black Jesus†Amen Fashion; Judas; Bloody Mary
☞ Überlege, was Gaga mit den Titeln „Jesus ist the new black" und „Work it, black Jesus" ausdrücken möchte.

Greenday: 21st Century Breakdown (2009): East Jesus nowhere
☞ Im Songtext wird nur indirekt auf Jesus eingegangen. Wieso dann der Titel?

Robbie Williams: Reality killed the video star (2009): Bodies
☞ Williams spielt mit der Formel „Jesus really dies for you" im Lied und im Clip. Was meint Williams damit?

DMX: Year of the dog again (2006): Lord give me s sign
☞ Im Song wird gesagt: „He was born to be known as everybody's brother ... Ain't no way to get around it, you just can't beat Jesus Christ/No you can't." Damit ist gemeint ...

Bruce Springsteen: Devil & dust (2005): Jesus was an only son
☞ Was meint im Song: „Jesus was an only son as he walked up Calvary Hill. His mother Mary walking beside him. In the path where his blood spilled ..."

R.Kelly; Happy people (2004): You saved me
☞ Was geht im Song der Erkenntnis voraus: „Then I heard a small voice that said to me; I'll give you peace if u believe/ I accepted Christ that day hallelujah/now I'm free. "

Marius Müller Westernhagen: Radio Maria (1998): Jesus
☞ Was meint der Sänger mit „Schenk mir dein Leben. Ich geb dir meines dafür.
Jesus, ich werd nie aufgeben. Bis an die Himmelstür ..."?

DC Talk: Jesus Freak (1995): Jesus Freak
☞ Wo nimmt der Song Bezug auf Jesus selbst? Wie deutet er den Begriff „Jesus Freak"?

Depeche Mode: Violator (1989): Personal Jesus
☞ „Personal Jesus" steht hier für etwas anderes als historische Person Jesus. Wofür?

Barcley James Harvest: Gone to earth (1977): Hymn (Jesus came down)
☞ Wie interpretiert der Song das Leben Jesu?

☞ Es gibt auch eine „Christliche Popmusik", in der die Auseinandersetzung mit Jesus eine besondere Rolle spielt. Finde mehr über diese Musikrichtung heraus.

Personal Jesus

„Personal Jesus" („Persönlicher Jesus") war ein Hit der britischen Band
„Depeche Mode" auf ihrem Album „Violator". Der Liedtext stammt von Martin Gore.
Im Lied heißt es wiederholt:

„Dein eigener Jesus.
Jemand, der deine Gebete erhört.
Jemand, der sich sorgt …
Jemand, der da ist.

Du fühlst dich unverstanden?
Und du bist allein,
nur Fleisch und Knochen
am Telefon.

Nimm den Hörer ab.
Ich mache dich zu einem Gläubigen.
Nimm den Zweitbesten.
Stell mich auf die Probe.

Etwas bedrückt dich.
Du musst beichten.
Ich werde dich erlösen.
Du weißt, ich kann vergeben.
Strecke die Hände
nach dem Glauben aus."

☞ Im Song geht es darum, dass jemand der ganz persönliche „Jesus" eines anderen
zu sein verspricht. Jesus ist dabei ein Synonym für …

Der Song wurde von vielen Sängern gecovert. Beachtenswert sind besonders die
Versionen von Jonny Cash (2002), Marilyn Manson (2004) und Nina Hagen (2010).

☞ Suche im Internet nach der Original-Version von „Depeche Mode" und den Cover-
Versionen. Wie interpretieren sie das Lied durch Stimme und Instrumente?

☞ Wie spiegeln die Clips den Grundgedanken des Songs wider?

Jesus im Film

Keine literarische Quelle ist so oft verfilmt worden wie die Geschichte von Jesus. Der wohl erste Jesusfilm war der Stummfilm „Das Leben und die Passion Christi" (Frankreich 1897, 13 Min.), der erste deutsche „Der Galiläer (1921). Bekannt wurden vor allem Großproduktionen für die Kinos seit den 1950er Jahren wie „Das Gewand" (1953), „Die Gladiatoren" (1954), „Ben Hur" (1959), „König der Könige" (1960) und „Die größte Geschichte aller Zeiten" (1963). Sie stellen klischeebeladen die Geschichte Jesu als Historienfilm dar und haben das Jesusbild nachhaltig geprägt. Jesus erscheint als langhaariger, freundlicher Mann mit langem Baumwollgewand. Filme wie diese ließen wenig von der biblischen Vorlage spüren. Ernsthafte, aber auch eigenwillige Interpretationen entstanden seit 1964:

„Das erste Evangelium nach Matthäus" (Regie: Paolo Passolini, 1964, 130 Min.)
Der Schwarz-Weiß-Film bedient sich nur eines Evangeliums und lässt daraus zitieren. Passolini nimmt nur Laienschauspieler. Er vermeidet Klischees – so hat Jesus keine langen Haare. Im Zentrum steht die soziale Botschaft Jesu.

Jesus Christ Superstar (Andrew Lloyd Webber 1973, 108 Min.)
Diese sozialgeschichtliche Pop-Interpretation im Stil der 1960er Generation zeigt die letzten Tage Jesu, in der Judas und Maria Magdalena eine besondere Rolle spielen. Die Inszenierung führte zu Protesten fundamentalistischer Gruppen.

Der Messias (Roberto Rossellini, 1975, 140 Min.)
Rossellinis Jesus weiß sich von Beginn an als der Messias, der seine Sendung universal versteht, der Frauen eine aktive Rolle zuerkennt, sich Sündern zuwendet und Barmherzigkeit fordert. Jesus verkündet das Reich Gottes und gerät so in einen tödlichen Konflikt.

Jesus von Nazareth (Franco Zefirelli, 1977, 370 Min. in drei Teilen)
Authentische Darstellung des Lebens zur Zeit Jesu. Gesellschaftliche, politische und religiöse Fragen der Zeit werden verständlich gemacht.

Die letzte Versuchung Christi (Martin Scorcese, 1988, 156 Min.)
Die Verfilmung eines Romans von Nikos Kazantzakis stellt Jesus menschlich und schwach dar, doch er bleibt sich am Ende treu. Er besucht Maria Magdalena im Freudenhaus, weil er sie liebt und bittet Judas, ihn zu verraten. Am Kreuz träumt er von seinem weiteren Leben mit Kindern. Der Film wurde in einigen Ländern verboten und führte zu Protesten.

Jesus von Montreal (Denys Arcand, 1989, 127 Min.)
Ein Priester beauftragt den Schauspieler Daniel, ein Passionsspiel zu aktualisieren. Daniel wird im Laufe des Films Jesus immer ähnlicher. Der Film bietet eine zeitgeschichtliche Auseinandersetzung mit kirchlicher Einstellung zu aktuellen Themen.

Die Bibel – Jesus (Roger Young, 1999, 173 Min.)
Jesus wird als Mensch gezeigt, der sich in der Gemeinschaft seiner Freunde wohlfühlt, flirtet und tanzt. Mit 30 Jahren beginnt er sein Wirken. Der Film endet mit der Auferstehung. Jesu Geburt und Kindheit werden in Rückblenden gezeigt. Auch Epochen der Kirchengeschichte sowie die Figur des Satans als Manager von heute werden einbezogen.

Das Leben des Brian (Monty Python, 1979, 90 Min.)
Die Komödie stellt das Leben des Brian dar, der zur Zeit Jesu geboren wurde, unfreiwillig als Messias verehrt wird und am Kreuz endet. Das Lied am Ende „Always look on the bright side of life" wurde zum Hit. Ziel des Filmes ist es, den Dogmatismus in Frage zu stellen. Dies führte zum Protest christlicher und jüdischer Gruppen, die zeitweise ein Verbot in den USA, Großbritannien und Norwegen durchsetzten.

Die Passion Christi (Mel Gibson, 2004, 127 Min.)
Die letzten 12 Stunden im Leben Jesu (Bezug: Kreuzweg) werden wie ein Bild der Gotik entfaltet, indem das Leiden blutig dargestellt wird. Die Personen sprechen Aramäisch, Griechisch und Latein. Aufgrund der Gewaltszenen ist er einer der umstrittensten Bibelfilme aller Zeiten. In einer gemeinsamen Stellungnahme wenden sich Protestanten (EKD), Katholiken (Deutsche Bischofskonferenz) und Juden (Zentralrat der Juden) gegen diesen Film: *„Mit dieser drastischen Darstellung verkürzt der Film die Botschaft der Bibel auf problematische Weise."* Ein weiteres Problem liege in der Darstellung der Juden, die antisemitische Gefühle provozieren könne. Ein Einsatz dieses Films im Jugendalter ist daher kaum zu empfehlen.

Die Chroniken von Narnia (Walden Media, seit 2005, Teil 1: 171 Min.)
Die bisherigen Teile der „Chroniken von Narnia" basieren auf den Büchern von C. S. Lewis, in der Narnia eine von unendlich vielen Welten ist. Der Löwe *Aslan trägt* Züge von Jesus Christus, der mit seinem Tod die Sünden anderer auf sich nimmt und dann Wiederauferstehung feiert. Am Ende erscheint in der Apokalypse der Antichrist.

Matrix (Andy und Larry Wachowski, 1. Teil 1999, 131 Min.)
Die Film-Trilogie dreht sich um eine Scheinwelt, die „Matrix". Thomas Anderson (= „Menschensohn") flieht aus der Matrix und wird zu Neo (= der Auserwählte), der sich für andere opfert und am Ende die Menschenstadt „Zion" rettet.

Fragen zur Analyse der Jesus-Filme

- Ich habe gesehen und gehört …
- Phasen des Films/der Geschichte sind …
- In den Phasen ist mir durch den Kopf gegangen (Gefühle; Gedanken) …
- Jesus wird dargestellt …
- Die zentrale Aussage des Films ist für mich …

☞ Jesus tut nichts, was normale Filmhelden tun: Er kämpft nicht und er verliebt sich nicht. Warum ist er dennoch die meist verfilmte Person der Filmgeschichte?

Jesus von Montreal

Der 1989 entstandene Film von Denys Arcand schildert das Leben des 30-jährigen Schauspielers Daniel. Der erhält von einem Priester den Auftrag, ein Passionsspiel zu aktualisieren. Es folgt eine Annäherung der Geschichte Jesu zum aktuellen Zeitgeist. Der jungen Schauspieltruppe widerfährt einiges, das den biblischen Geschichten entspricht. Folgende Bezüge lassen sich im Film finden.

- Jünger aus armen Verhältnissen (Mk 1,16-20)
- Der „Kopf" Johannes des Täufers (Mk 6,14-29)
- Der Pharisäer streitet mit Jesus (Mk 2,23-3,6)
- Die Sünderin (Lk 7,37-47, Joh 8,1-11)
- Die Tempelreinigung (Mk 11,15-19)
- Versuchung Jesu/die Zahl Vierzig (Mt 4,1-11)
- „Übers Wasser gehen" (Mt 14,25)
- „Lasset die Kinder zu mir kommen" (Mt 19,4)
- „Ich finde keine Schuld an ihm" (Joh 18,38)
- Endzeitrede (Mk 13)
- Jesus wird nicht aufgenommen (Joh 1,11)
- Die kommende Apokalypse (Mt 25)
- Es wird so kommen (Lk 22,42)
- Schuldig bekennen (Mt 26,64)
- Frauen sind beim Sterben Jesu dabei (Mk 15)
- Der Tod mit 30 Jahren
- Jesu Weiterleben nach dem Tod (Mk 16)

☞ Ordne die *Zitate aus dem Film* der passenden Bibelstelle zu!

„Ich will seinen Kopf" (Theaterbesucherin über den Hauptdarsteller) – „Wie meinen Sie das?" – „Für meine Kampagne ..."	Mt 19,16-26
„Sie sind der größte Schauspieler unserer Tage" – „Da steht ein guter Schauspieler." (Man zeigt dabei auf Daniel)	Mt 8,18-22
„Ich bin gekommen, um dich zu holen!" (Daniel zu Constance)	Mt 19,13-15
„Und wo wohnst du?" (Constance) – „Wo es geht." (Daniel)	Mk 6,14-21
„Und, kein Kommentar?" – „Nein." (Daniel zu Constance, nachdem er sie mit dem Pater überrascht hat.)	Joh 1,19-28
(Daniel kümmert sich um die Kinder von Constance und ihrer Freundin und spielt mit ihnen.)	Joh 1,35-45
„Es ist nicht leicht, alles aufzugeben." (Der Pater zu Constance)	Joh 8,1-11

Jesus in der Matrix

Die Filmtrilogie „Matrix" bietet einen der vielschichtigsten Filmstoffe aller Zeiten. Personen und Handlungsabläufe stehen mit der biblischen Denkwelt in enger Beziehung. Die Matrix ist eine virtuelle Scheinwelt. Die Menschen denken, sie würde alles real erleben, doch ihre Körper werden von Maschinen als Energiequelle benutzt.

Der Held der Filme ist Thomas Anderson, dessen Nachname „Son of Man" („Menschensohn") bedeutet – einer der „Titel" oder Bezeichnungen für Jesus in der Bibel. Sein Vorname bezieht sich auf den „ungläubigen Thomas" (Joh 20,19-29), der nicht an Jesu Auferstehung glaubt, bis er dessen Wunden sieht. Anderson kommt in der Matrix „jungfräulich" in einem Brutkasten zur Welt (jungfräuliche Geburt: Mt 1,24f.). Als Anderson der Matrix entkommt, wird aus ihm Neo, der Auserwählte. Stellt man die Buchstaben um, entsteht aus dem Namen Neo „One", der „Eine". Sein Erscheinen wird vom Orakel vorausgesagt (Jesaja 7,14). Weit unter der Erde liegt Zion (biblischer Gottesberg), der einzige Ort, an dem noch „freie" Menschen leben. Morpheus (griechischer Gott des Traums) ist einer ihrer Anführer, der Neo aus seinem „Traum" holt. Wie Johannes der Täufer bereitet Morpheus den Weg für den Auserwählten vor, indem er an ihn glaubt und jedem von ihm erzählt (Joh 1,29-34). Auch die weibliche Hauptdarstellerin „Trinity" hilft Neo durch ihren Glauben und ihrer Liebe. Ihr Name (Trinität) verweist auf den dreieinigen Gott. Sie spielt eine wichtige Rolle bei der Selbstopferung Neos. Er wird, um Morpheus und den Rest der Menschheit zu retten, von den „Agenten" getötet. Drei Minuten (anstelle von drei Tagen in der Bibel) nach seinem Tod geschieht seine Auferstehung. Trinitys Liebe bringt Neo von den Toten zurück (Mt 20,28; Mt 12,40; Lk 24,4-7).

Auch die Besatzung und die Einwohner Zions sind bereit zu glauben, dass Neo der „Auserwählte" ist. Mit dem Schiff Nebukadnezar wird das Orakel besucht, um sich die Realität erklären zu lassen. Auch der gleichnamige babylonische König (Dan 2-5) bekommt von Gott die Wirklichkeit erklärt. Cypher, der Gegenspieler, bezieht sich vom Namen her auf „Luzifer", aber auch auf die Gestalt des Judas (Mt 26,15f.; Lk 22,47f.).

☞ Überprüfe die dargestellten Elemente im Film und lies die angegebenen Bibelstellen. Wo ist deiner Meinung nach eine echte Parallele, wo wird die Übereinstimmung im Text vielleicht zu stark betont.

☞ Die Filmtrilogie greift, wie ein modernes Gleichnis, Motive der Interpretation des Lebens Jesu auf. Welches Ziel könnte dieses Gleichnis verfolgen?

Jesus Christ Superstar

In einer Zeit, in der Jesus außer Mode zu kommen schien, war er wieder da – als „Superstar". Die Rockoper „Jesus Christ Superstar" von Andrew Lloyd Webber und Tim Rice wurde 1971 erstmals aufgeführt und erzählt die letzten sieben Tage im Leben Jesu. Die erste Schallplatte wurde mit Deep Purple-Sänger Ian Gillan als Jesus aufgenommen. 1973 entstand der Film. Im Jahr 2000 wurde eine Bühnenfassung erneut verfilmt. Die Reaktionen auf das Theaterstück und den Film waren unterschiedlich. Zum einen gab es einen großen kommerziellen Erfolg, denn die Rockoper entsprach dem Musikgeschmack der Zeit. Gruppen aus dem fundamentalistisch-christlichen Lager dagegen protestierten vor Theatern und Kinos. Die Kritiker werfen der Inszenierung vor, die Göttlichkeit Jesu zu leugnen und Judas zum Helden zu machen. Kritisch wird das Lied gesehen: *„Jesus Christ Superstar, glaubst du wirklich, dass du das bist, was man von dir sagt?"*

Beobachtungsaufgabe zur Analyse des Films:
☞ Überprüfe mithilfe eines Bibellexikons (beispielsweise www.wibilex.de), wie die Rockoper die Rolle von Maria Magdalena und Judas interpretiert.
☞ Wie verhalten sich die Priester, die Jünger, Pontius Pilatus und Herodes?
☞ Welche Gefühle zeigt Jesus vom Garten Gethsemane bis zu seinem Tod? Wie wird die Kreuzigung dargestellt?
☞ Welche Fragen stellen sich anhand der Karikatur oben?

Überblick über die Rockoper „Jesus Christ Superstar"

Ouvertüre	Der Tempel	Hosanna (Reprise)
Weil sie ach so heilig sind	Alles wird gut sein (Reprise)	Herodes' Song
Was ist los?	Wie soll ich ihn nur lieben	Lass uns neu beginnen
Für mich bleibt's ein Rätsel	Verdammt für alle Zeit	Tod des Judas
Alles wird gut sein	Blutgeld	Pilatus' Verhör/
Der Jesus muss weg	Das letzte Abendmahl	39 Peitschenhiebe
Hosanna	Gethsemane	Superstar
Simon Zelotes	Die Verhaftung	Kreuzigung
Armes Jerusalem	Petrus verleugnet Jesus	Johannes 19,41
Pilatus' Traum	Pilatus und Christus	

Parodie oder Blasphemie?

Die Person Jesus wird interpretiert und immer wieder auch parodiert. Dies führt manchmal zu lautstarker Kritik – bis hin zum Vorwurf der „Gotteslästerung" („Blasphemie").
Im Deutschen Strafgesetzbuch § 166 findet sich hierzu folgende Passage:
„Wer religiöse Bekenntnisse (Symbole, Aussagen ...) beschimpft und damit den öffentlichen Frieden stört, wird mit einer Freiheitsstrafe bis zu drei Jahren oder einer Geldstrafe belegt."

☞ Begründe, ob für dich die folgenden Beispiele unter den § 166 fallen.

☞ Woran könnte man Anstoß nehmen? Ist ein Ziel der Satire erkennbar?

Als der **Film „Das Leben des Brian"** (Monty Python, 1979) in die Kinos kam, wurde er von den einen mit Kultstatus versehen, andere witterten Blasphemie, sodass er in vielen Ländern nicht in Kinos gezeigt werden durfte. „Interpretiert" werden:
Geburt im Stall – „Könige" aus dem Morgenland – Bergpredigt und Seligpreisungen – Gleichnisse – Wunder (Ein Stummer kann wieder sprechen) – „Meister" (Rabbi) – Brians Mutter: Jungfrau? – Festnahme und der Weg zum Kreuz – Kreuzigung.

Das Lied „Jesus war ein guter Mann" ist ein Titel der Nonsens-Band „Die Doofen" (Wigald Boning und Olli Dietrich).

Jesus war ein guter Mann, der hatte einen Umhang an.
Jesus war ein flotter Typ, den hatten alle Leute lieb.
Jesus hatte langes Haar und braune Augen wunderbar.
Jesus hatte Latschen an wie kein anderer Mann.
Jesus, Jesus, du warst echt okay.
Jesus, Jesus, everytime fair play.
Jesus war ein Wandersmann, am liebsten auf'm Ozean.
Ja, und seine Zaubershow hatte wirklich Weltniveau.
Ja, aus Wasser machte er Wein, wer will da nicht sein Kumpel sein.
Aus einem Brötchen wurden zwei, Mensch, komm doch nochmal vorbei.
Jesus, Jesus, du warst echt okay. Jesus, Jesus, everytime fair play.

Das **Comic-Buch „Das Leben des Jesus"** des österreichischen Karikaturisten Gerhard Haderer löste 2002 heftige Reaktionen aus – besonders in der katholischen Kirche. Jesus wird als langhaariger Hippie dargestellt, der „Peace" bringen will.
Die Nähe zu einem „Kiffer" wird bewusst gesucht. Haderer erklärt am Ende Weihrauch zum Rauschmittel. Jesus wandelt nicht über den See Genezareth, sondern er surft.
Schließlich landet er bei den Rockheiligen im Himmel in einem Dauerrausch.

Nachfolge Jesu heute

Was wäre, wenn Jesus heute auftauchen würde?
Und was wäre, wenn er uns bitten würde, ihm nachzufolgen?
Wie würden wir wohl reagieren?

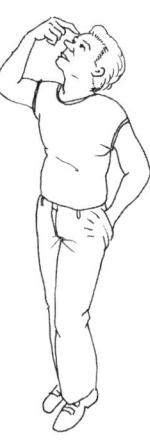

Jesus spricht im Neuen Testament immer wieder von der Nachfolge.
Er sagt, er habe uns ein „Beispiel" gegeben (Joh 13,15). Damit ist gemeint:
Jesus war für seine Anhänger wie ein Vorbild – besonders in der Frage nach
dem richtigen Verhalten und der Hoffnung auf Gottes Reich.

☞ Lies folgende Bibelstellen und kommentiere, ob beziehungsweise wie
   Jesus für ein Leben heute Impulse geben kann.

Bibeltext	Kommentar
Jesus wendet sich Kranken und Ausgestoßenen zu. Beispiel: Mk 1,40-45	
Jesus ist gegen Vorurteile und Ausgrenzung. Beispiele: Mk 2,13-17; Lk 19,1-10	
Jesus setzt sich für ein bescheidenes Leben ein. Beispiel: Lk 9,57-58	
Jesus setzt sich für Fremde ein. Beispiel: Lk 7,11-15	
Jesus setzt sich für Vergebung ein. Beispiele: Mt 5, 38ff.; Lk 7,36-50	
Jesus nimmt Kinder und Frauen ernst. Beispiele: Mk 10,13-16; Lk 18,38-42	
Jesus ist gegen das Verurteilen anderer. Beispiele: Mt 7,1-5; Joh 8,1-11	
Jesus wünscht sich ein dienendes Miteinander. Beispiel: Joh 13,1-20	
Jesus möchte, dass man sein Leben radikal ändert. Beispiel: Mt 19,29	
Jesus ist für einen radikalen Frieden. Beispiel: Mt 5,38-45	
Jesus setzt sich für menschenfreundliche Regeln ein. Beispiel: Mk 2,23-3,6	
Jesus möchte, dass wir im Gebet zu Gott finden. Beispiel: Mt 6,9-13	

Nachfolge Jesu im Einsatz für die Armen

Sein Leben den Armen zu widmen – so verstehen manche die Nachfolge Jesu.
Zwei Menschen im 20. Jahrhundert folgten diesem Vorbild auf besonderer Weise:

Albert Schweitzer

Albert Schweitzer (1875-1965) entschied sich, sein Leben in Wohlstand
hinter sich zu lassen und als Arzt nach Afrika zu gehen. Er war dankbar
für sein bisheriges Leben und suchte nun einen neuen Lebenssinn.
Hierzu schrieb er 1905 einen Brief an Helene Bresslau, eine Freundin:

*„Ich gehe dort hin, um bei Jesus zu sein; er verfahre mit mir,
wie er will. Ich werde ihn finden, das weiß ich. Und beten können:
Dein Reich komme! Ich will verstehen, was das Wort bedeutet,
das er gesagt hat: Wer sein Leben verliert um meinetwillen und
des Evangeliums willen, der wird es behalten.
Wenn er mich nur als würdig erkennt, ihm zu dienen."*

Mutter Teresa

Die 2003 seliggesprochene Nonne und Friedensnobelpreisträgerin Mutter Teresa
(1910-1997) entschied sich, nach Kalkutta/Indien zu gehen und ein Leben unter den
Ärmsten der Armen zu führen. Sie gründete den Orden der „Missionarinnen der Nächstenliebe" sowie viele Hilfsprojekte. Als Grundlage ihrer Arbeit nannte sie die Nachfolge
Jesu. Hier einige ihrer vielen Gedanken zur Nachfolge Jesu:

„Wenn Sie Jesus aus meinem Leben nehmen, dann ist mein Le-
ben ein bloßes Nichts."
„Es ist nicht deine Berufung, für die Leprakranken zu arbeiten.
Deine Berufung besteht darin, Jesus zu gehören. Die Arbeit für die
Leprakranken ist nur die Umsetzung deiner Liebe zu Christus."
„Wenn wir den Armen dienen, dann dienen wir Jesus. Ich diene
Jesus, 24 Stunden am Tag. Was immer ich tue, es wird für ihn ge-
tan, und er gibt mir die Kraft dazu. Ich liebe ihn, wenn ich die Ar-
men liebe, und durch ihn liebe ich die Armen."
„Liebt Jesus mit einem großen Herzen. Dient Jesus mit Freude,
räumt alles beiseite, was euch Sorgen macht, und vergesst es.
Damit ihr das tun könnt, müsst ihr liebevoll wie Kinder beten."
„Arbeitet für Jesus, dann wird Jesus mit euch arbeiten. Betet mit
Jesus, dann wird Jesus durch euch beten. Je mehr ihr euch selbst
vergesst, desto mehr wird Jesus an euch denken."
„Jesus wird Großes mit euch tun, wenn ihr ihn wirken lasst und ihn
nicht dabei stört. Wir stören Gottes Pläne, wenn wir etwas durch-
setzen wollen, das uns nicht ansteht."

☞ Was empfindest du, wenn du die Aussagen von Albert Schweitzer und Mutter
Teresa liest?

Nachfolge Jesu bei Dietrich Bonhoeffer

Der evangelische Theologe Dietrich Bonhoeffer (1906-1945) wurde kurz vor dem Ende des Zweiten Weltkrieges hingerichtet. Er schrieb das Buch „Nachfolge", in dem er folgende Gedanken ausdrückte:

„Der Ruf Jesu in die Nachfolge macht den Jünger zum Einzelnen.
Ob er will oder nicht, er muss sich entscheiden, er muss sich allein entscheiden. Es ist nicht eigene Wahl, Einzelner sein zu wollen, sondern Christus macht den Gerufenen zum Einzelnen. Jeder ist allein gerufen … In dem Ruf Jesu ist der Bruch mit den vorhandenen Lebensumständen, in denen der Mensch lebt, bereits vollzogen. Nicht der Nachfolgende vollzieht ihn, sondern Christus selbst hat ihn schon vollzogen, wenn er ruft. *Christus hat den Menschen aus seiner Unmittelbarkeit zur Welt gelöst und in die Unmittelbarkeit zu sich selbst gestellt."*
„Ginge es bei der Nachfolge nur um ein *Ideal,* dann wären wir in der Situation eines Abwägens zwischen unserer vorhandenen persönlichen Lebensordnung und einem ebensolchen Ideal; plötzlich ließe sich argumentieren, dass eine Abwertung des bisherigen Lebens nicht einfach so gerechtfertigt sei, dass – auch aus einer christlichen Ethik heraus! – einiges für die vorhandenen Lebensumstände und Verantwortlichkeiten spräche. Weil es aber nicht um ein Ideal und das Festhalten von Verantwortlichkeiten geht, sondern *um die Tatsache des Lebens und des Wortes Jesu, also um die Person des Mittlers selbst,* darum gibt es nur den Bruch mit den Unmittelbarkeiten des Lebens, darum muss der Gerufene Einzelner werden vor dem Mittler.
Jesus spricht hier zu solchen, die Einzelne geworden sind um seinetwillen, *die alles verließen, als er rief,* die von sich sagen können: siehe, wir haben alles verlassen und sind dir nachgefolgt. Ihnen wird die Verheißung *neuer Gemeinschaft* gegeben. Hundertfältig sollen sie schon in dieser Zeit empfangen, was sie verlassen haben. Jesus spricht hier von seiner Gemeinschaft, die sich in ihm findet. *Wer den Vater verließ um Jesu willen, der findet hier gewiss einen Vater wieder, er findet Brüder und Schwestern, ja es sind ihm sogar Äcker und Häuser bereitet. Jeder tritt allein in die Nachfolge, aber keiner bleibt allein in der Nachfolge."*

☞ Wie versteht Dietrich Bonhoeffer die Nachfolge Jesu? Kläre dabei, was er unter „Bruch" versteht.

☞ Recherchiere zur Biografie Bonhoeffers, wo er mit der „Nachfolge" ernst machte.

☞ Bonhoeffers letzte Worte sollen gewesen sein: *„Das ist das Ende. Für mich der Beginn des Lebens."* Was meinte er wohl damit?

☞ Bekannt ist Bonhoeffers Gedicht *„Von guten Mächten wunderbar geborgen"*, das als Lied überliefert ist. Suche im Internet den Text und kläre, welche Aspekte der Nachfolge sich darin zeigen.

Jesus Freaks und W.W.J.D

Aus evangelikalen Kreisen kommen Impulse, die besonders Jugendliche ansprechen und zur Nachfolge Jesu aufrufen – die Jesus Freaks und W.W.J.D.

☞ Lies die Infos und beurteile das Jesusbild dieser Bewegungen aus deiner Sicht.

Beispiel: Jesus Freaks

1991 trafen sich erstmals „Freaks, die auf Jesus stehen". Meist am Wochenende kommen Jesusanhänger zu Gottesdiensten zusammen und organisieren Jesus-Partys. Ihr Zeichen ist das griechische A und O, was „Jesus ist Anfang und Ende" (Off 1,8; 21,6; 22,13) bedeutet. Die Botschaft der Jesusfreaks ist einfach: Jesus liebt dich! Er will dein Leben verändern. Anhänger der Bewegung müssen nicht einer Kirche angehören. Die Gemeinschaft will jedoch denen einen Raum bieten, die ohne Organisation und Regeln sich auf Jesus einlassen wollen. Ihre Vision ist, *„dass in unserem Land, in Europa und überall auf der ganzen Welt Menschen für Jesus aufstehen, weil ein kompromissloses Leben mit Jesus das coolste, heftigste, intensivste und spannendste überhaupt ist"*.

☞ Recherchiere, wie die Jesus Freaks Jesus „nachfolgen" wollen (www.jesusfreaks.com).

☞ Suche nach der Hymne der Jesus Freaks, dem gleichnamigen Lied von „DC talk". Im Internet findet man den Liedtext (www.songtextc.com) und Clips hierzu.

Beispiel: W.W.J.D.

W.W.J.D. steht für „**W**hat **w**ould **J**esus **d**o?"
(deutsch: „Was würde Jesus tun?").
Diese Abkürzung findet sich auf Armbändern, Schlüsselanhängern, Ansteckern, Tassen und mehr. Dahinter verbirgt sich die Idee, dass man sich in allen Lebenslagen fragen sollte:

Wie würde wohl Jesus in einer Situation denken und handeln?

Der Satz „What would Jesus do" tauchte bereits in dem 1896 erschienenen Roman „In His Steps" von Charles Sheldon auf. Hier war es ein Geschäftsmann, der auf dieser Grundlage versuchte, sein Leben und seine Arbeit in Frage zu stellen. 1989 entdeckte der US-amerikanische Jugendpfarrer Jamie Tinklenberg die Frage neu. Zusammen mit zwei Geschäftsleuten produzierte er unter anderem die Armbänder, die unter evangelikalen Jugendlichen in den USA und später auch in Europa schnell Mode wurden.

☞ Recherchiere nach weiteren Informationen zur Bewegung.

Ein Licht für andere

Aus dem 14. Jahrhundert stammt folgender Text:

Christus hat keine Hände,
nur unsere Hände,
um seine Arbeit heute zu tun.

Er hat keine Füße,
nur unsere Füße,
um Menschen auf seinen Weg zu führen.

Christus hat keine Lippen,
nur unsere Lippen,
um Menschen von ihm zu erzählen.

Er hat keine Hilfe,
nur unsere Hilfe,
um Menschen an seine Seite zu bringen.

☞ Was sagt der Text darüber aus, wie man Jesus nachfolgen kann?

Über Nachfolge sagt Jesus in der Bergpredigt:

> *Ihr seid das Licht für die Welt.*
> *Eine Stadt, die auf einem Berg liegt,*
> *kann nicht verborgen bleiben.*
> *Auch zündet niemand eine Lampe an,*
> *um sie dann unter einen Topf zu stellen.*
> *Im Gegenteil, man stellt sie auf den Lampenständer,*
> *damit sie allen im Haus Licht gibt.*
> *Genauso muss auch euer Licht vor den Menschen leuchten:*
> *Sie sollen eure guten Taten sehen*
> *und euren Vater im Himmel preisen.*
>
> Mt 5,14-16, Gute Nachricht Bibel

☞ Was meint hier „Licht"? Schreibe um die Kerze: Um ein Licht für andere zu sein, dazu müsste sich ein Mensch folgendermaßen verhalten …

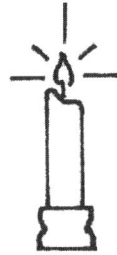

Mögliche Vertiefung: ***Menschen können für andere ein „Licht" werden ...***
☞ Schreibe hierzu eine aktuelle Geschichte.
☞ Stelle Szenen dar, die dies ausdrücken.
☞ Gestalte eine Collage mithilfe von Bildern und Fotos.
☞ Schreibe einen Sprechgesang/Rap, der dies aufgreift.

Jesusworte fürs Leben

Von Jesus sind Worte überliefert, die die Evangelisten zusammengefasst haben. Einige sind wohl erst später entstanden – besonders die „Ich-bin"-Worte im Johannesevangelium. Andere zeigen, wie Jesus wohl gedacht hat.

☞ Welches dieser Jesusworte gefällt dir besonders?

☞ Überlege dir Lebenssituationen, in denen die Jesusworte heute aktuell sind.

Wer von euch groß sein will, soll euer Diener sein. (Mk 10,43)	Verurteilt nicht andere, damit Gott nicht *euch* verurteilt! (Mt 7,1)	Der Mensch lebt nicht nur von Brot; er lebt von jedem Wort, das Gott spricht. (Mt 4,4)
Was ihr an einem von meinen geringsten Brüdern oder an einer von meinen geringsten Schwestern zu tun versäumt habt, das habt ihr an mir versäumt. (Mt 25,25)	Freuen dürfen sich alle, die nur noch von Gott etwas erwarten – mit Gott werden sie leben in seiner neuen Welt. (Mt 5,3)	Liebt eure Feinde und betet für alle, die euch verfolgen. So erweist ihr euch als Kinder eures Vaters im Himmel. (Mt 5,44f.)
Freuen dürfen sich alle, die Frieden stiften – Gott wird sie als seine Söhne und Töchter annehmen. (Mt 5,9)	Freuen dürfen sich alle, die unter dieser heillosen Welt leiden – Gott wird ihrem Leid ein Ende machen. (Mt 5,4)	Wer Gott vertraut, dem ist alles möglich. (Mk 9,23)
Liebe den Herrn, deinen Gott, von ganzem Herzen, mit ganzem Willen und mit aller deiner Kraft und deinem ganzen Verstand! Und: Liebe deinen Mitmenschen wie dich selbst! (Lk 10,27)		Denn alle, die sich selbst groß machen, werden von Gott gedemütigt, und alle, die sich selbst gering achten, werden von ihm zu Ehren gebracht. (Lk 14,11)
Ihr werdet niemals in Gottes neue Welt kommen, wenn ihr seinen Willen nicht besser erfüllt als die Gesetzeslehrer und Pharisäer. (Mt 5,20)	Behandelt die Menschen so, wie ihr selbst von ihnen behandelt werden wollt – das ist es, was das Gesetz und die Propheten fordern. (Mt 7,12)	Verzichtet auf Gegenwehr, wenn euch jemand Böses tut! Mehr noch: Wenn dich jemand auf die rechte Backe schlägt, dann halte auch die linke hin. (Mt 5,39)
Denn wo zwei oder drei in meinem Namen zusammenkommen, da bin ich selbst in ihrer Mitte. (Mt 18,20)	Ihr seid das Licht für die Welt. (Mt 5,14)	Vater, vergib ihnen! Sie wissen nicht, was sie tun. (Lk 23,34)
Wer von euch kann durch Sorgen sein Leben auch nur um einen Tag verlängern? (Mt 6,27)	Bittet und ihr werdet bekommen! Sucht und ihr werdet finden! Klopft an und es wird euch geöffnet! (Mt 7,7)	Freuen dürfen sich alle, die unterdrückt sind und auf Gewalt verzichten – Gott wird ihnen die Erde zum Besitz geben. (Mt 5,5)

Text: Gute Nachricht Bibel

Wer ist Jesus für mich?

Über Jesus gibt es viele Meinungen. Manche haben mehr, andere weniger mit dem zu tun, was wir über Jesus wissen.

☞ Welcher dieser Aussagen kannst du zustimmen – welche lehnst du ab? Du kannst die Aussagen ausschneiden und in der Reihenfolge ordnen, die zeigt, wo du stehst. Begründe dabei deine Meinung!

Jesus war einer, der klar, anschaulich und konkret sprechen konnte.
Jesus ist ein Wendepunkt der Geschichte, mit dem etwas Neues begann.
Jesus war ein einfacher Mensch, der andere begeistern konnte.
Jesus ist ein höheres Wesen, zu dem man heute noch beten kann.
Jesus brachte uns nahe, wie Gott zu den Menschen steht.
Jesus liebte die Menschen bedingungslos.
Jesus ist ein Vorbild für andere.
Jesus war ein Revolutionär, der bestehende Ordnungen hinterfragte.
Jesus ist der Sohn Gottes.
Jesus ist Heiland – er rettet die Menschen.
Jesus ist Hoffnung, weil er den Tod überwunden hat.
Jesu Tod tröstet alle, die leiden.
Jesus ist ein Freund, dem man alles anvertrauen kann.
Jesus gründete die Kirche.
Jesus ist Kämpfer für Gerechtigkeit.
Jesus half vielen Menschen und er kann auch heute Menschen helfen.
Jesus veränderte die Welt.
Jesus ist gescheitert, da die Menschen nicht nach seinen Vorstellungen leben.
Jesus war ein Mensch wie andere.
Jesus nimmt sich allen Menschen an.
Jesus ist ein Vorbild für moralische Ansprüche ohne Engherzigkeit.

☞ Formuliere selbst, was du über Jesus sagen würdest:

Jesus war/ist …

Bild- und Quellennachweise

S. 4: Bild: © GEO Magazin 1/2004; S. 18-19: Bildrechte an anderer Stelle im Buch; S. 20-21: Grafiken von Claudia Held-Bez, in: Michael Landgraf: Jesus begegnen (ReliBausteine primar), Stuttgart 2011; S. 21: Bild: © DER SPIEGEL 21/1999; S. 28: Bild: © DER SPIEGEL 22/1996; S. 29: Bilder 1-3: Wikipedia Commons; Jesusrekonstruktion: BBC; S. 30: Foto Bultmann: Wikipedia Commons; S. 31: Abbildung Calwer; S. 32: Paulus St. Gallen (9. Jahrhundert), Wikipedia Commons; S. 34: Die vier Evangelisten, Jakob Jordaens (1620), Wikipedia Commons; S. 35: Grafik von Claudia Held-Bez, in: Jesus begegnen; S. 36: Die vier Evangelisten (8. Jh.), Wikipedia Commons; S. 37: Judas-Evangelium (P33), Wikipedia Commons; S. 40-42, 44, 46, 48 und 52: Grafik von Claudia Held-Bez, in: Jesus begegnen; S. 47: Abbildungen Calwer Verlag; S. 49: Julius Schnorr von Carolsfeld (um 1860); Grafitti Wikipedia Commons, AlexGraffito.svg; S. 51: Paula Jordan (1950); S. 53: Text: © Deutsche Bibelgesellschaft; Bild: Otto Pankok (Calwer: Oberstufe Religion. Der Mann aus Nazareth 1981, S. 4); S. 54: Bild Weizsäcker: Bundesarchiv, B 422 Bild-0174/CC-BY-SA; Bild King: Wikipedia Commons; Bild Lapide: epd; S. 56: Bild Gandhi, Wikipedia Commons; S. 57 und 59: Julius Schnorr von Carolsfeld (um 1860); Text: © Deutsche Bibelgesellschaft; S. 58: Grafiken von Claudia Held-Bez, in: Jesus begegnen; S. 59: Text: © Deutsche Bibelgesellschaft; © Calwer Verlag/Diesterweg; S. 60: Rembrandt van Rijn, Der verlorene Sohn, aus: Kursbuch elementar 5/6, S. 125, Calwer Verlag; S. 64: Bild und Text Lk 15, Martin Dreyer: Die Volxbibel 3.0 © 2012 Volxbibel-Verlag im SCM-Verlag GmbH & Co. KG, Witten; S. 65: Bild aus Kursbuch Religion elementar 5/6 (Calwer); S. 66: Bild aus Kursbuch Religion elementar 9/10, Lehrermaterialien, S. 102/103; S. 67: Karikatur: Claude BonneauHumarot, aus: Horst Klaus Berg, Karikaturen für das 7.-10. Schuljahr, Calwer 1978; S. 68: Bild aus dem Gurker Dom (1458), Wikipedia Commons; S. 69f.: Grafiken von Claudia Held-Bez, in: Jesus begegnen; S. 71-73: Fotos von Michael Landgraf, Kreuzweg Maria Schmolln (Oberösterreich), Download unter www.relibausteine.com, Jesus Christus; S. 74: Bild von Leonardo da Vinci, Abendmahl (1498), Wikipedia Commons; S. 75: Bild von Guido Reni, Ecce homo (1639), Wikipedia Commons; S. 76: Bilder aus Schefzyk, Jürgen/Zwickel, Wolfgang: Judäa und Jerusalem. Leben in römischer Zeit, Stuttgart 2010, S. 93; S. 79: Bild Agnus Dei, Wikipedia Commons; Text: Max und Monika Richardt, Der Glaube an Jesus Christus, München 2002, S. 49; S. 80: Isenheimer Altar (1516), Wikipedia Commons; S. 81: Holzschnitt 1475, Bibelmuseum Neustadt; S. 82: Foto Gerd Lüdemann, epd; S. 83: Zitat aus: I. U. Dalferth, Volles Grab, leerer Glaube? Zum Streit um die Auferweckung des Gekreuzigten, in: H. J. Eckstein/M. Welker, Die Wirklichkeit der Auferstehung, Neukirchen-Vluyn 2001, S. 284; S. 84: Text aus: Kurt Marti, Leichenreden © Nagel & Kimche im Carl Hanser Verlag 2001; S. 85: Foto: Landgraf; S. 86: Grafik Christian Günther; Foto: Sol invictis, Wikipedia Commons; S. 87: Foto: Michael Landgraf, Vatikanische Museen Rom; S. 88: Grafiken von Claudia Held-Bez, in: Jesus begegnen; S. 90: Paula Jordan, König David (1950); S. 91: Christusmonogramm auf Sarg, Rom (um 320), Wikipedia Commons: Anastasis Pio Christiano Inv31525.jpg; S. 92: Trinität (Bremer Dom), Wikipedia Commons, Jürgen Howaldt; S. 94: Pantokrator (Cefalu/Süditalien), Wikipedia Commons, GunPowder Ma; S. 95: Weltchronik Hartman Schedel (1493), Bibelmuseum Neustadt; S. 98: Text: Ulrich Walter, Friedenskreuz aus: Reinhard Horn, Ulrich Walter; Mit dem Friedenskreuz durch das Kirchenjahr, KONTAKTE-Musikverlag und Verlag Junge Gemeinde, 4. Aufl. 2009; S. 99: Ikone Vaterschaft (Russland 14. Jh.), aus: Oberstufe Religion. Der Mann aus Nazareth, Calwer 1993, S. 55; S. 100: Jeronimo Cosida (1570), Wikipedia Commons; S. 101: LCS 744 (Fuchs 1988); S. 102: Bild: Michael Landgraf, Kinderlesebibel, V&R 2011; Bild Buber: Wikipedia Commons; Text Buber: Zwei Glaubensweisen, © Gütersloher Verlagshaus, in der Verlagsgruppe Random House GmbH; Bild Schalom Ben-Chorin: Wikipedia Commons; Text: Bruder Jesus. Der Nazarener in jüdischer Sicht, München, dtv/List, 1967, S. 10; S. 104: Bild „Indischer Jesus" aus Oberstufe Religion, Calwer Verlag 1981, S. 4; S. 105: Voltaire, Wikipedia Commons; Text: Voltaire, Gott und die Menschen, ein theologisches, aber vernünftiges Werk, 1769; S. 106: Foto: Michael Landgraf (Adolf Kessler, Kirche Landau-Godramstein), Download www.relibausteine.com, Jesus Christus; S. 107: Text aus: Milan Machoveč, Jesus für Atheisten. Aus dem Tschechischen übersetzt von Paul Kruntorad © KREUZ VERLAG, Stuttgart 1972, S. 101f.; Foto: Profimedia/CZ; S. 108: © DER SPIEGEL 17/2011; Texte: Ernst Bloch, Jesus. Ein Rebell der Liebe, zit. nach H.G. Pöhlmann, Wer war Jesus von Nazareth? Gütersloh 1976 © Suhrkamp-Verlag, Berlin, S. 65f.; Erich Kästner, Dem Revolutionär Jesus zum Geburtstag, © Atrium Verlag, Zürich 1930 und Thomas Kästner; S. 109: Foto Camillo Torres: Wikipedia Commons. Bild: Stationen 3, Jesus Christus (Verlagshaus Speyer); S. 110: Adolf Holl, Jesus in schlechter Gesellschaft, Freiburg (Herder-Verlag) 1971; Foto: Landgraf (Wandbild Cochabamba/Bolivien), Download www.relibausteine.com, Stichwort: Jesus Christus; S. 111: Kinderbild aus Michael Landgraf, Akwaaba. Bild: www.rejesus.co.uk/site/module/faces_of_jesus; Speyer 2009; Karikatur: Jean-Maurice Bosc. BoscCollection Alain Damman; S. 112: Foto: epd; Texte aus: Dorothee Sölle, Politische Theologie. Erweiterte Neuauflage © KREUZ VERLAG, Stuttgart 1982, S. 189; Dorothee Sölle, in: Heinz G. Schmidt (Hg.): Zum Gottesdienst morgen, Wuppertal 1969, entnommen aus: Calwer Verlag, Oberstufe Religion: Jesus Christus (2008); S. 113: Foto Papst Benedikt XVI., Wikipedia Commons, Flickr; S. 114f.: Bilder an anderer Stelle nachgewiesen; S. 115: Bild: © Arnulf Rainer; S. 116: Bild links: Stiftskirche Innichen (Südtirol), Bild Isenheimer Altar, Wikipedia Commons; S. 117: © Foundation Oskar Kokoschka/VG Bild-Kunst, Bonn 2012; S. 118: Bild Calwer Verlag, Handbuch der Kirchenpädagogik, S. 303; S. 119: Die weiße Kreuzigung: © VG Bild-Kunst, Bonn 2012; Bild: Koreanische Kreuzigung, EMS-Stuttgart; S. 120: Jesus, aus: Kurt Marti, Namenszug mit Mond. Gedichte © Nagel & Kimche im Carl Hanser Verlag, 1996; Foto Marti: epd; S. 121: Text Handke, Lebensbeschreibungen, in: „Prosa, Gedichte, Theaterstücke, Hörspiele", Frankfurt a.M. 1970, 99f. © Suhrkamp-Verlag, Berlin; Bild: Wikipedia Commons, Wild&Team Agentur – Uni Salzburg; S. 122: Foto: Landgraf; S.123: Buchcover „Im Schatten des Galiläers", © Gütersloher Verlagshaus, Gütersloh, in der Verlagsgruppe Random House GmbH; S. 127: Liedtext: Andreas Malessa. Melodie: Larry Norman © 1974 by Beechwood Music Corp. Rechte für Deutschland, Österreich, Schweiz. EMI Music Publishing Germany GmbH; S. 129: Übersetzung und Foto: Landgraf; S. 130: Foto: Landgraf; S. 132: Foto: Landgraf; S. 133: Foto: Landgraf; S. 134: LCS 2230 (Mandzel 2002); S. 135: Foto: Landgraf; Liedtext in Calwer Verlag, Kursbuch Religion 3, S. 128; S. 135: Bild: © Christian Günther; S. 137: Fotos Mutter Teresa und Albert Schweitzer: Wikipedia Commons; S. 138: Foto Dietrich Bonhoeffer: Wikipedia Commons; Textauszug Bonhoeffer, Nachfolge, © Gütersloher Verlagshaus, Gütersloh, in der Verlagsgruppe Random House GmbH; S. 139: Jesus Freaks International; Foto WWJD: Landgraf; S. 141: © GEO 1/2004.

Trotz intensiver Recherche können für einige Teile des Werks Urheberrechte Dritter unberücksichtigt geblieben sein. Wir bitten in diesem Fall um Benachrichtigung des Verlags.

**ReliBausteine –
Religion, „Sekte", oder ...?**

Michael Landgraf,
3. Auflage, 2011,
126 Seiten

Calwer Verlag GmbH,
ISBN 978-3-7668-4167-4

Verlagshaus Speyer GmbH,
ISBN 978-3-939512-26-4

RPE – Religion –
Pädagogik – Ethik GmbH,
ISBN 978-3-938356-53-1

**ReliBausteine –
Reformation**

Michael Landgraf,
3. Auflage, 2016,
128 Seiten

Calwer Verlag GmbH,
ISBN 978-3-7668-4369-2

Verlagshaus Speyer GmbH,
ISBN 978-3-939512-78-3

RPE – Religion –
Pädagogik – Ethik GmbH,
ISBN 978-3-938356-62-3

**ReliBausteine –
Bibel**

Michael Landgraf,
3. Auflage, 2013,
175 Seiten

Calwer Verlag GmbH,
ISBN 978-3-7668-4269-5

Verlagshaus Speyer GmbH,
ISBN 978-3-939512-52-3

RPE – Religion –
Pädagogik – Ethik GmbH,
ISBN 978-3-938356-56-2

**ReliBausteine –
Judentum**

Michael Landgraf
und Stefan Meißner,
2. Auflage 2012,
175 Seiten

Calwer Verlag GmbH,
ISBN 978-3-7668-4218-3

Verlagshaus Speyer GmbH,
ISBN 978-3-939512-37-0

RPE – Religion –
Pädagogik – Ethik GmbH,
ISBN 978-3-938356-40-1

**ReliBausteine –
Eine Welt**

Michael Landgraf,
1. Auflage 2008,
191 Seiten

Calwer Verlag GmbH,
ISBN 978-3-7668-4070-7

Verlagshaus Speyer GmbH,
ISBN 978-3-939512-07-3

RPE – Religion –
Pädagogik – Ethik GmbH,
ISBN 978-3-938356-25-8

**ReliBausteine –
Fernöstliche Religionen**

Michael Landgraf,
1. Auflage 2015,
128 Seiten

Calwer Verlag GmbH,
ISBN 978-3-7668-4286-2

Verlagshaus Speyer GmbH,
ISBN 978-3-939512-69-1

RPE – Religion –
Pädagogik – Ethik GmbH,
ISBN 978-3-938356-57-9